우정 지속의 법칙

우정 지속의 법칙

설흔 지음

창비

차
례

우정에 관한 글을 쓰게 된 이유 • 9

1장 ★ 만남—세상에서 제일 소중한 관계의 시작 • 19
법칙❶ 불쑥 찾아가자 • 21
법칙❷ 줄기차게 만나자 • 37
법칙❸ 둘만의 것을 공유하자 • 54

2장 ★ 깊은 사이—내가 너의 진짜 친구가 될 수 있을까 • 67
법칙❹ 소중한 것을 아낌없이 내주자 • 69
법칙❺ 약속을 꼭 지키자 • 85
법칙❻ 함부로 대하지 말자 • 103

3장 ★ 갈등—싸울 수도 있지만 • 123
법칙❼-1 잘못을 인정하자 • 125
법칙❼-2 잘못을 알려 주자 • 139

4장 ★ 지속 가능한 우정—오늘의 우정을 내일로 • 151
법칙❽ 모두가 외면할 때 손을 내밀자 • 153
법칙❾ 함께 가자 • 167
법칙❿ 함께하는 '지금'을 즐기자 • 185

일종의 후일담—'우정의 끝'에 대해 • 200
참고 문헌 • 205

오래전에 세상을 떠난 친구에게 이 글을 바칩니다.

우정에 관한 글을 쓰게 된 이유

좋은 날만 있을 수는 없는 법입니다. 오늘이 그랬습니다. 어느 순간부터 가슴속에 떡하니 자리 잡은 구름과 안개는 제가 주인인 양 아예 마음 바닥에 드러누웠습니다. 별수 없이 걸었습니다. 걷는 것이 유일한 해결책이라도 되는 듯 걷고 또 걸었지요. 청계천을 따라 두 시간을 걸어서 집에 도착했습니다. 문을 열고 방으로 들어서는데, 불을 켜는 순간 하마터면 소리를 지를 뻔했습니다. 조카 녀석이 있었거든요. 중 3짜리 조카 녀석이 침대 옆에 무릎을 감싸고 앉아 있었습니다. 또래에 비해 조금 과묵하기는 해도 표정은 늘 밝던 녀석이, 병든 닭처럼 눈을 가늘게 뜬 채 앉아 있더군요. 녀석은 나를 보자마자 한숨을 내쉬더니 맥락도 없는 말을 지껄였습니다.

"삼촌, 난 왜 친구가 없을까?"

훌륭한 삼촌이라면 일단 조카 녀석의 옆에 앉아서 어찌 된 일이 냐고 묻겠지요. 이야기를 다 듣고 난 뒤에는 인생 선배로서 풍부한(?) 경험을 바탕으로 이런저런 조언을 해 줄 것이고요. 대학교 선생인 우리 형이 얼치기 작가이자 가난한 솔로인 나에게 '지상의 방 한 칸'을 무상으로 제공한 데는 녀석의 훈육에 대한 기대가 어느 정도 포함되어 있었으리라 생각합니다. 그래서 나는 이렇게 말했습니다.

"피곤하다. 가서 잠이나 퍼 자."

"삼촌!"

"나중에."

"아니, 지금."

"그만 가라니까."

조카 녀석은 웬일로 욕 비슷한 소리를 내뱉었고(실은 욕인), 나는 손바닥을 들어 머리를 한 대 내갈기려는 시늉으로(물론 입으로는 욕 비슷한 소리를 내뱉으면서) 대응했습니다. 녀석은 그냥 물러서지 않았습니다. 온 힘을 다해 문을 쾅 닫고 나가며 자신의 심적 상태를 확실하게 표현했습니다.

홀로 남은 나는 다시 한 번 욕 비슷한 소리를 내뱉고는 침대에 걸터앉았습니다. 곧바로 후회가 찾아왔습니다. 사실 녀석과 나는 꽤 사이가 좋은 편입니다. 녀석이 한가해지는 주말이 되면(작가야 늘 한가하니까요.) 강변에서 함께 농구를 하기도 했고, 눈물 나도록 매운 치킨을 시켜서 사이좋게 나누어 먹기도 했습니다.(물론 절반씩 먹었다는 뜻은 아닙니다!) 녀석이 실없는 소리를 할 때면 때로는 동조했고, 때로는 정색하고 조언 비슷한 것도 들려주었습니다. 녀석이 밤늦게 내 방에서 불도 켜지 않고 나를 기다린 것은 아마도 그러한 동조 내지는 조언이 절실히 필요해서였겠지요. 그러나 나는 그럴 기분이 아니었습니다. 게다가 녀석의 말, 자기에게는 왜 친구가 없느냐는 그 말은 잔뜩 가라앉은 내 기분에 쐐기를 박았습니다.

바람 좋고 달빛 밝은 가을밤, 청계천을 따라 두 시간 동안 걸으면서 나는 무엇을 했을까요? 내내 스마트폰을 들여다보았습니다. 거듭거듭 들여다보면서 전화를 걸 만한 친구를 찾아보았습니다. 하지만 나는 전화를 단 한 통도 걸지 못했습니다. 성능 좋은 최신형 스마트폰을 들고서 영상 통화는커녕 음성 통화도 못 했지요.

내 나름대로 변명은 있습니다. 늦은 시간이었습니다. 언젠가부터 결혼한 친구에게는 밤늦게 전화하지 않는 것이 관례처럼 되었습니다. 혼자인 친구도 아직은 서넛 남아 있습니다. 그러나 내가 내키지 않았습니다. 번듯한 직장에서 일하는 친구들에게, 이제나 저제나 하고 출간되기만 기다리던 원고를 맥주에 곁들인 안주처럼 허울 좋은 말과 함께 반려받았다며 궁상을 떨고 싶지는 않았습니다. K는 어떨까 싶었습니다. 같은 작가이니 어쩌면 내 마음을 알아주지 않을까요? 그 생각은 곧바로 머리에서 지웠습니다. 10대 시절을 함께 보냈고, 이제는 동료 작가가 된 K에게 궁금한 사정을 말할 수는 없었거든요. 그러다 보니 전화 한 통 못한 채 집에 도착했고, 때맞춰 친구 운운하는 조카 녀석의 말에 억눌러 온 울화가 한꺼번에 치밀었던 것입니다.

녀석은 얼마나 오래 내 방에 있었을까요? 좀처럼 오지 않는 삼촌이란 작자를 기다리며, 불도 켜지 않고 침대에 눕지도 않고 그저 쪼그리고 앉아서 무슨 생각을 하고 있었을까요? 자존심덩어리인 중학교 3학년의 입으로 "난 왜 친구가 없을까?"라는 말을 하기까지 얼마나 오래 그 말을 가슴에 담아 두고 있었을까요? 생각할수록 미안해졌지만 이렇게 말할 수밖에 없습니다. 녀석은 몰랐겠지만 오늘은 녀석과 말할 수 있는 날이 아니었습니다.

녀석의 말과 내 거친 대응, 뒤따르는 자책이 오래된 기억 하나를 끄집어냈습니다.(실은 청계천에서부터 이미 떠올랐지요.) 그 오래된 기억 속의 나는 조카 녀석과 같은 중 3입니다. 그 시절 내겐 친구가 하나 있었습니다. 초등학교의 마지막 겨울 방학 때 학원에서 만난 친구입니다. 얼마 지나지 않아 우리는 둘도 없는 단짝이 되었지요. 모든 단짝이 그렇듯 거의 하루도 빼놓지 않고 만났습니다. 친구와 나는 같은 중학교에 진학했고 같은 반이 되었습니다. 친구 덕분에 무섭고 낯선 중학교는 그럭저럭 견딜 만했지요. 학년이 바뀌면서 나와 친구는 다른 반이 되었습니다. 계속해서 만나자고 다짐했지만 반이 갈린 것은 우정을 지속하는 데 커다란 장애가 되더군요. 내겐 다른 친구가 생겼고, 그 친구에게도 다른 단짝이 생겼습니다. 자연스럽게 우리는 조금씩 멀어졌습니다. 복도에서 마주치면 어깨를 부딪치거나 손을 흔들 뿐 따로 말을 섞지도 않았고, 만나기 위해 일부러 시간을 내지도 않았습니다. 결국 우리는 친구라고 말하기에는 좀 애매한, 그런 사이가 되었지요.

3학년 때 친구와 나는 다시 같은 반이 되었습니다. 전과 같은 관계는 아니었지요. 친구는 '노는 아이'가 되어 있었습니다. 공부도 제법 잘했던 친구는 뜻밖에도 노는 아이들의 리더가 되어 있었습니다. 어찌 된 거냐고 묻고 싶었습니다. 공부는 접은 거냐고도 묻고 싶었습니다. 묻지 못했습니다. 지나가는 말로 한번 보자고 말하기는 했습니다. 친구는 복도 저편을 바라보며 건성으로 고개를 끄덕였습니다. 농구라도 한번 하자고 말하기는 했습니다. 친구는 그때도 내 얼굴을 외면하며 건성으로 고개를 끄덕였습니다. 그렇게 한 학기를 보냈습니다.

친구가 내게 말다운 말을 건 것은 중학교 시절도 거의 끝나 가던 11월 말쯤입니다. 방과 후에 내게 다가오더니 등을 세게 치며 "야, 인생은 시합 아니겠어? 나랑 농구나 한번 할까?"하고 꼭 뒷자리에서 노는 아이처럼 말했습니다. 친구의 손길이 별로 맵지도 않았는데 나는 얼굴부터 찌푸렸습니다. 찌푸린 얼굴을 펴지도 않은 채 농구는 하고 싶지만 학원을 가야 한다고 대꾸했습니다. 친구는 처음에는 입술을 내밀며 묘한 표정을 지었고, 그다음에는 귀를 긁적이며 천천히 고개를 끄덕였습니다. 농구는 끝내 하지 못했습니다. 12월의 첫날부터 친구는 학교에 나오지 않았습니다. 나올 수 없었지요. 스스로 목숨을 버렸기 때문입니다.

물론 조카 녀석이 혼자 고민하다 죽을지도 모른다고 염려하는 것은 아닙니다. 녀석은 그럴 아이가 아니거든요. 과묵하기는 해도 꽤 예의가 바르고(비록 내게 욕을 퍼붓기는 했지만), 공부도 곧잘 하며(어디까지나 곧잘이지만), 친구들하고도 무던하게 잘 지내는(친구가 없다며 투정을 부리기는 하지만) 아이입니다. 내가 걱정하는 것은 녀석이 아닌 '나'입니다. 스스로 목숨을 버린, 친구라고 부르기엔 좀 애매한 존재로 취급하며 은근슬쩍 넘겨 버리곤 했던 그 친구는 실은 무척 오랫동안 나를 힘들게 했습니다. 다행히도 요 몇 년간은 그 친구를 잊고 지냈습니다. 이제 그 친구가 다시 떠올랐으니 나는 또 힘든 세월을 보내야만 하겠지요.

농구라도 한번 하자는 친구의 말에 나는 학원을 가야 한다고 했습니다. 학원 따위야 빠지면 그만인데 말입니다. 지금처럼 부모의 눈이 매섭던 시절이 아니어서 조금만 요령을 부리면 학원쯤은 언제든 빠질 수 있었습니다. 하지만 나는 그렇게 하지 않았습니다. 학원을 좋아하지 않으면서도 학원에 갔고, 강사의 지루한 설명을 듣는 내내 친구를 생각했으면서도 끝날 때까지 꿋꿋하게 자리를 지켰습니다.

　대학에 들어가 소설을 쓰기 시작하면서 가장 먼저 친구의 이야기를 소재로 삼았습니다. 나는 내 소설에서 친구를 다시 살리기도 하고, 친구와 내 상황을 교묘히 바꾸어 놓기도 했습니다. 이유는 명확합니다. 그렇게 해서라도 양심의 가책──나의 거절이 친구의 마음에 상처를 입혔을지도 모른다는──을 해소하고 싶었기 때문입니다.

　하지만 소설은 소설일 뿐이지요. 실제의 나는 하나도 바뀌지 않았습니다. 나는 그 옛날 친구에게 그랬듯이 주위 사람들과 다른 친구들의 마음에 크고 작은 상처를 주며 살았습니다.(수많았던 만행과 우행들을 생각하니 부끄러워 고개도 들 수 없을 정도입니다.) 최신형 스마트폰을 들고서도 끝내 통화 한 통 할 수 없었던 것은 친구들이 나와의 통화를 정말로 원할지 확신할 수 없었기 때문입니다. 평소에는 연락도 없더니 마음이 우울하다는 이유로(그러니까 내가 위로받고 싶어서) 전화한 나를 친구들이 진정으로 반길지 확신할 수 없었기 때문입니다. 기형도의 시에 등장하는 "몇 번의 겨울이 지나자 나는 외톨이가 되었다"의 주인공은 바로 나였고, 그렇게 된 이유 또한 나에게 있습니다.

　한참을 멍하니 앉아 있다가 일어나서 DVD 하나를 골랐습니다. 플레이어에 밀어 넣고 전등을 껐습니다. 어두운 방에서 영화를 보았습니다. 몇 번이나 보았던 영화지만 처음부터 끝까지 한 장면도 건너뛰지 않았습니다. 나는 시간이 아주 많은 사람처럼 스태프들의 이름을 다 보고서야 플레이어를 껐습니다. 창밖을 내다보았습니다. 깊은 밤, 아니 아직 어두운 새벽, 한강 다리를 질주하는 차량들을 넋 놓고 바라보았습니다. 노래 하나가 저절로 흘러나오더군요. "당신은 기억하는지, 눈물겹고 그토록 힘겨웠던 우리의 어린 시절 기억하는지"로 시작되는 노래가, 한동안 잊고 있었던 조동진의 노래가 내 입에서 저절로 흘러나왔습니다. 세상에서 거절당하고, 위로를 구하는 전화 한 통 걸지 못하고, 종내는 어린 조카에게 모진 말을 내뱉고 다시 기형도의 시를 떠올린 날, 잊고 있었던 노래가 친구의 기억과 함께 나를 방문했습니다.

어찌하면 좋을지 한참을 생각했습니다. 노트북을 켰습니다. 예전에 쓰다가 미뤄 두었던 원고를 열어 보았습니다. 우리 조상들이 나누었던 우정에 관한 글에 살을 붙여 만든 원고입니다. 옛날 얘기이기는 해도 잘 엮으면 그 나름대로 의미가 있겠다 싶어 시작했는데 이내 그 고리타분함과 비현실성에 질려 흥미를 잃고 내버려 두었던 것이지요. 글들을 찬찬히 다시 읽었습니다. 이덕무의 글을 읽는데 깨달음이 왔습니다.

나를 알아주는 단 한 사람의 친구를 얻으면 나는 조금도 망설이지 않고 십 년 동안 뽕나무를 심을 것이다. 일 년 동안 누에를 길러 내 손으로 오색실을 물들일 것이다. 열흘에 한 가지 빛깔씩 물들이면 오십 일에 다섯 가지 빛깔을 물들일 수 있으리라.

그 오색실을 따뜻한 봄볕에 내놓고 말린다. 여린 아내에게 부탁해 백 번 달군 금침으로 친구의 얼굴을 수놓게 한다. 고운 비단으로 장식하고는 옛 느낌이 나는 옥을 달아 축을 만든다. 뾰족하고 험준한 산과 세차게 흐르는 물 사이에 펼쳐 놓고 말없이 바라본다. 해가 지면 다시 품에 안고 집으로 돌아온다.

그 순간, 바람도 불지 않았는데 책상 위의 연필이 저절로 움직였습니다. 등이 서늘해졌습니다. 저 혼자 힘으로 미묘하게 움직이는 그 연필을 보며 내가 왜 하필 우정에 관한 글들을 모았던 것인지 알게 되었습니다. 오래전에 스스로 목숨을 끊은 내 친구가 원하고 있기 때문입니다. 그 친구가 이제 금침으로 자신의 얼굴을 수놓기를 원하고 있습니다. 그렇게 만든 얼굴을 내가 품에 안아 주기를 원하고 있습니다. 나는 요 몇 해 동안 그 사실을 모른 척 외면하려 했습니다. 친구는 내게 큰 의미가 있는 존재가 아니었다고 믿으려 했습니다. 내 전략은 성공한 듯했지요. 내 나름대로 즐겁게 살았고, 그 친구를 거의 잊은 듯했으니까요. 아니었습니다. 나는 단 한 시도 그 친구를 잊지 못했습니다. 그저 잊은 척했을 뿐입니다. 나는 실패했습니다. 그럼 이제 어떻게 해야 할까요?

친구의 바람을 들어주는 것, 그 하나뿐입니다.

원고를 읽으며 대략의 틀을 잡았습니다. '우정 지속의 법칙'이라는, 내가 한 번도 이루지 못했던 제목도 붙였고요. 역설에 가까운 제목까지 정했으니 이제 남은 일은 무엇일까요? 친구에 대한 기억을 덧붙여 원고를 완성하기란, 우정을 지속하는 데 완벽하게 실패했던 나에게 쉽지 않겠지요. 그럼에도 포기하지 않고 써 보는 것, 남은 일은 그 하나뿐입니다.

1장

만남 – 세상에서 제일 소중한 관계의 시작

법칙 ❶ 불쑥 찾아가자
법칙 ❷ 줄기차게 만나자
법칙 ❸ 둘만의 것을 공유하자

불 쑥 찾 아 가 자

영화 「어바웃 어 보이」의 두 주인공인 윌과 마커스에게는 공통점이 별로 없습니다. 30대 중반인 윌은 백수입니다. 백수이되 자발적인 백수이지요. 윌은 경제적인 어려움 따위는 없이, 아버지가 유산으로 남겨 준 캐럴의 저작권료로 그저 놀고먹으며 살거든요. 윌의 유일한 관심사는 여자를 유혹하는 일입니다. 마커스는 열두 살먹은 소년입니다. 아버지는 없고, 어머니는 수시로 자살을 시도하고, 학교에서는 왕따 신세이지요. 윌과 마커스의 유일한 공통점은 자기 자신을 섬으로 인식한다는 것입니다. 그러나 두 사람의 머릿속에 존재하는 섬은 하늘과 땅보다 동떨어져 있습니다. 윌은 모든 것이 갖춰진 천국의 섬 이비사를 꿈꿉니다. 이비사에는 윌에게 결혼을 강요하지 않는 쿨한 여자, 세상의 근심이라곤 한 조각도 없는 청청한(실은 텅 빈) 머리를 가진 여자만이 들어올 수 있습니다. 마커스의 섬은 풀 한 포기 자라지 않는 지옥의 섬입니다. 마커스의 독백 속에서 그 섬의 참혹한 실상이 온전히 드러납니다.

'인생을 즐겁게 사는 사람들이 많다. 난 그런 부류가 아니라는 것을 깨달았다.'

다행히도 마커스에게는 '삶에 대한 의지'가 있습니다. 마커스는 불모의 섬에 갇혀서 죽을 날만 기다리며 눈물 흘리는 연약한 소년이 아닙니다. 마커스는 탈출을 꿈꿉니다. 다리를 놓아 자신을 섬에서 탈출시켜 줄 존재를 찾아 헤맵니다. 그런 마커스의 눈에 띈 사람이 바로 윌입니다!

마커스는 윌을 '발견'했지만, 이비사를 그리는 윌의 눈에는 지옥의 섬에 거주하는 마커스가 들어올 리 없습니다. 윌은 이비사에 함께 거주할 이로 근심 걱정 없는 쿨한 여자를 찾는 것이지 골칫덩이가 될 가능성이 농후한, 아니 100퍼센트 확실한 열두 살 소년을 찾고 있는 게 아니니까요. 더군다나 윌은 연애하기에 맞춤한 여자들이 우글우글 모여 있는 새로운 아지트를 막 발견한 참입니다. 바로 아이 딸린 이혼녀들이지요. 남자와의 관계에서 한 차례 쓴맛을 본 그들은 윌에게 결혼을 강요하지도 않고, 만나 달라고 떼쓰지도 않습니다. 자신이 필요할 때만 가볍게 만날 수 있고, 결혼이나 아이 어쩌고 하는 골치 아픈 미래는 걱정할 필요도 없으니 윌에게는 최적의 집단인 셈입니다. 윌은 본격적으로 그 속에 뛰어들기로 결심합니다. 방법은 간단합니다. 결혼한 적도 없으면서 이혼남인 척했습니다. 아이의 양육권마저 빼앗긴 불쌍한 남자인 척했지요. 완전 범죄를 위해 유아용 자동차 시트도 하나 샀고요. 연애 사업을 위해 모든 걸 완벽하게 준비해 놓은 그때, 아뿔싸 마커스가 나타납니다. 마커스는 섬 거주자 특유의 본능으로 윌이 거짓말하고 있다는 사실을 알아차린 것입니다.

마커스는 곧장 행동에 돌입합니다. 마커스는 윌을 미행하고, 윌은 마커스를 피합니다. 그러나 사실 승자와 패자는 처음부터 정해져 있었지요. 마커스는 빼앗길 것이 없는 사람이고, 윌은 자신의 거짓말이 들통 날까 마음을 졸이는 사람이니까요. 윌이 도주와 은닉에 능한 스파이가 아닌 이상 윌의 실제 모습은 마커스에게 '발견'될 수밖에 없습니다. 윌을 발견하고 윌의 실상마저 발견한 마커스는 어떻게 했을까요? 바로 여기에서 첫 번째 '우정 지속의 법칙'인 '불쑥 찾아가자'가 등장합니다.

마커스는 윌에게 불쑥 찾아갔습니다. 약속도 없이 윌의 집으로 가서 초인종을 누르고 또 눌렀지요. 한참 후에야 문을 연 윌을 향해 마커스는 곧장 본론을 들이밉니다.

"아이 없죠, 그렇죠?"

단숨에 윌을 무장 해제시킨 마커스는 연달아 자신이 온 이유를 밝힙니다.

"들어가도 되죠?"

무장 해제되었다고는 하나 월에게도 한 조각 자존심은 남아 있습니다. 30대 중반이나 되어서 열두 살 소년의 위협에 무작정 백기를 들 수는 없으니 말입니다. 월은 거절부터 하고 봅니다.

"안 돼, 바빠."

불쑥 찾아온 마커스가 그 정도 거절에 고개를 끄덕이고 돌아설까요? 물론 그러지 않았습니다. 마커스는 또 다른 질문으로 월을 흔듭니다.

"뭐 하는데요?"

월의 대답은 그야말로 걸작입니다.

"텔레비전 본다."

결국 둘은 함께 텔레비전을 봅니다. 대화를 나누는 것도 아니고, 밥을 먹는 것도 아니고, 그저 함께 텔레비전을 봅니다. 그리고 둘은 친구가 되었습니다. 마커스의 '불쑥 찾아가기'가 완벽하게 성공한 것이지요.

아마도, 아니 분명히, 여기까지 읽은 독자들 중 상당수가 둘이 친구가 되었다는 내 결론에 동의하지 않을 것입니다. 마커스의 방식은 협박이지 제대로 된 친구 사귀기가 아니라는, 꽤 합당한 반론도 분명 등장하겠지요. 내 생각은 다릅니다. 마커스는 결코 월을 협박하지 않았습니다. 마커스는 월을 협박한 게 아니라 우정의 대상에게 '불쑥' 찾아간 것입니다. 무슨 말이냐고요? 바로 월이 보인

태도에 답이 있습니다.

월은 마커스를 끝까지 집에 들이지 않을 수도 있었습니다. 열두 살 소년의 협박 따위는 그저 콧방귀 한 번으로 넘어갈 수도 있었습니다. 하지만 월은 그렇게 하지 않았지요. 월은 마커스를 받아들이고 함께 텔레비전을 보았습니다. 왜 그랬을까요? 월 또한 섬의 거주자였기 때문입니다. 그것도 마커스와 같은 섬 말입니다!

내 생각에, 이비사 섬은 언뜻 화려해 보여도 실제로는 마커스가 거주하는 불모의 섬과 하나도 다르지 않습니다. 월은 이비사 섬에 머무는 여자들을 자신이 선택한다고 생각하지만 현실은 정반대입니다. 정신이 똑바로 박힌 여자들은 이비사 섬을 거부하니까요. 30대 중반이면서도 아버지의 유산으로만 놀고먹으며 사는 월은 여자들에게 그저 세상모르는 철부지일 뿐입니다. 월도 그 사실을 잘 알고 있습니다. 그랬기에 월은 이비사 섬을 창조한 겁니다. 세상에 온전히 맞설 수 없기에, 여자들을 똑바로 마주 볼 수 없기에, 이비사 섬을 만들었고 그 섬에 들어앉아 텔레비전이나 보면서 마치 자신이 섬의 주인인 양 행세했지요.

그 불모의 섬에 마커스가 불쑥 찾아왔습니다. 아무도 찾아오지 않던 월의 섬에 또 다른 불모의 섬의 거주자인 마커스가 불쑥 찾아왔습니다. 아마도 월은 마커스에게서 자신의 모습을 발견했겠지요. 육체의 나이는 30대 중반이지만 정신의 나이는 여전히 10대에 머물러 있는 월은 자신과 너무도 닮은 마커스, 세상에 절망했음

에도 불구하고 포기하지 않고 따뜻한 인연을 찾아 헤매는 열두 살 소년을 보고 깜짝 놀랐을 것입니다. 그러니까 윌 또한 마커스를 발견하고 마커스의 본래 모습을 발견한 것입니다.

그러므로 마커스는 결코 협박을 통해 이비사 섬에 무단 침입한 것이 아닙니다. 마커스는 우정의 대상에게 불쑥 찾아가 문을 두드렸고, 외로운 섬의 거주자 윌은 한눈에 마커스를 알아보고 말없이 자신의 문을 열어 주었습니다.

*

불쑥 찾아가서 새로운 우정을 만든 마커스를 이야기하다 보니 떠오르는 사람이 있습니다. 바로 박제가입니다. 덥수룩하게 수염 기른 초상화만 전해집니다만 어찌 된 까닭인지 내게는 늘 소년처럼 느껴지는 남자이지요.

박제가가 열아홉이었을 때의 일입니다. 어느 날 갑자기, 박제가는 문장으로 이름 높던 박지원의 집을 방문하기로 결심합니다. 마커스가 윌을 불쑥 찾아간 것과 참으로 비슷하지요. 호기롭게 걷던 박제가는 박지원의 집 앞에 이르러 문득 걸음을 멈춥니다. 왜 그랬을까요? 박제가는 문장에 있어서는 자신이 최고라는 자부심을 가진 청년이었습니다. 그의 가슴 한구석에는 박지원이 자신의 뛰어남을 한눈에 알아주기 바라는 들뜬 마음이 자리 잡고 있었지요. 하지만 그게 전부가 아니었습니다. 불안함도 있었던 것입니다.(박제가를 통해 마커스를 봅니다. 아무렇지 않은 척했지만 마커스의 마음도 분명 불안했겠지요.)

박지원은 당대의 명문인 반남 박씨의 후예이자 문단의 총아였습니다. 서얼인 박제가와는 비길 바가 아니었지요. 나이 차이도 꽤 났습니다. 박지원이 박제가보다 열세 살이나 많았거든요. 세간에 알려진 모습은 또 어떠한가요? 박지원의 목청은 덩치만큼이나 크고, 말솜씨도 뛰어나서 직설과 농담을 자유자재로 섞어 가며 좌중을 들었다 놨다 했습니다. 따뜻하면서도 엄격하고, 둔중하면서도 날카로운 이가 박지원입니다.(백수인 월과는 도무지 비교가 되지 않는 엄청난 스펙이지요.)

박제가는 망설였습니다. 마커스로 치면 곧바로 초인종을 누르지 못하고 문 앞에서 서성거렸지요. 그러나 마냥 그럴 수는 없었습니다. 마침내 박제가는 결정을 내렸습니다. 박지원과 만나고 싶어 불쑥 발걸음을 했던 그 용기를 떠올리며 어깨와 목에 잔뜩 힘을 주고 자신이 온 사실을 소리 내어 알렸습니다. 문이 열리고 하인이 나왔습니다. 박제가는 자신의 이름을 또박또박 밝혔습니다. 박지원에게 소식을 전하러 가는 하인의 발소리가 아마도 천둥소리처럼 들렸겠지요. 또 박지원을 기다리는 그 시간은 얼마나 길게 느껴졌을까요? 어쩌면 퇴짜를 맞을 수도 있겠다 싶은 순간, 약속도 없이 들이닥친 것을 자책하며 이제 그만 발걸음을 돌려야겠다 싶은 순간, 마침내 박지원이 나타났습니다. 박지원은 외로운 서얼 박제가를 어떻게 맞이했을까요? 흥분으로 가득한 박제가의 글에서 확인할 수 있습니다.

내가 왔다는 전갈을 들은 선생은 옷을 차려입고 나와 맞으며 오랜 친구 대하듯 따뜻하게 손을 맞잡았다. 자리에 앉은 뒤에는 또 어떠했나? 선생은 자신이 지은 글을 전부 꺼내 보여 주었다. 그뿐만이 아니다. 선생은 직접 쌀을 씻어 밥을 했다. 밥이 다 된 후에는 술잔을 들더니 내 앞날에 좋은 일만 있기를 기원했다.

박지원과 박제가의 수저가 바쁘게 움직이는 장면을 상상하기만 해도 마음이 따뜻해집니다. 그러니까 박제가의 '불쑥 찾아가기'는 보기 좋게 성공한 것이지요. 이날의 만남을 계기로 박제가는 박지원과 평생토록 이어지는 우정을 나누게 됩니다. 그런데 박제가의 '불쑥 찾아가기'는 앞선 사례 한 번뿐만이 아닙니다. 박제가는 이를테면 '불쑥 찾아가기'의 전문가였습니다. 또 다른 사례를 들겠습니다.

달빛이 희미한 밤이었습니다. 한바탕 눈이 쏟아질 것 같은 밤이었지요. 희미한 달빛을 보며 박제가는 생각했습니다.

'이럴 때 친구를 찾지 않으면 친구는 두었다 무엇에 쓰겠는가?'

박제가는 중국 시인 굴원의 시집을 품에 넣고, 막걸리를 사 들고, 불쑥 유금의 집을 찾았습니다. 책상에 기대어 두 딸의 재롱을 보고 있던 유금은 어떻게 했을까요? 유금은 박제가를 보자마자 아무 말 없이 해금부터 집어 들었습니다. 박제가는 막걸리를 마시며 해금 연주를 들었습니다. 연주를 마친 유금이 막걸리 한 잔을 단숨에 들이켠 후 말했습니다.

"막걸리는 시큼하고 해금은 내 말을 듣지 않는군."

유금은 자신의 연주가 마음에 들지 않았던 모양입니다. 박제가는 대답 없이 그냥 웃기만 했습니다. 웃다가 짧은 시를 써서 유금에게 건넸습니다. 그 시를 읽은 유금도 짧은 시 한 수를 써서 박제가에게 주었지요. 그렇게 몇 번을 주고받는 사이에 눈이 내리기 시작했습니다. 눈은 얼마 되지 않아 마당에 수북하게 쌓였습니다. 그 눈을 보며 박제가는 또 다른 친구 이덕무를 떠올렸지요.

"달빛 따라 왔는데 술 마시고 시 짓는 사이 눈이 쌓였습니다. 이럴 때 친구가 없다면 앞으로 어찌 견디겠습니까? 갑시다. 이덕무에게 갑시다. 잠도 이루지 못하고 눈만 껌뻑거리며 하릴없이 눈이나 보고 있을 이덕무에게 갑시다."

박제가는 품속에 넣어 둔 굴원의 시집을 만지작거리며 거리에 섰을 것입니다. 유금은 해금을 들었겠지요. 한밤중, 퍼붓다시피 내리는 눈에 앞도 잘 보이지 않았겠지만 둘은 조금도 걱정하지 않았을 것입니다. 둘의 머릿속에는 불쑥 들이닥친 자신들을 보고 겉으로는 놀라는 척해도 속으로는 몹시 반가워할 이덕무 외에 아무것도 들어 있지 않았을 테니까요.

'불쑥 찾아가기'에는 약간의 위험도 따릅니다. 약속을 나누지 않았으니 서로 길이 엇갈릴 수 있는 것이지요. 앞선 사례에서 조연으로 등장했던 박지원이 엇갈림의 주인공입니다.

이번에는 희미한 달빛이 아닌 환한 달빛이 문제였습니다.(달빛은 항상 문제입니다!) 박지원은 환한 달빛의 유혹을 견디지 못하고 집을 나섰습니다. 가까이 사는 친구를 데리고 와서 달을 보며 함께 놀기 위해서였지요. 친구를 데리고 집으로 들어서는 순간 뜻밖의 소식을 듣습니다.

"키 크고 수염 좋은 손님이 노랑말을 타고 와서는, 벽에다 글을 써 놓고 갔습니다."

박지원은 서둘러 벽에 등불을 비추었습니다. 홍대용의 글씨였습니다. 허탕 친 아쉬움을 진솔하게 적은 홍대용의 글을 본 박지원은 곧바로 '임포의 학'과 '여안의 봉'을 떠올렸지요. 이것들을 떠올린 이유에 대해서는 약간의 설명이 필요합니다.

임포의 학은 무슨 의미일까요? 임포라는 이에겐 학이 있었는데 반가운 손님이 오면 그 학이 먼저 소식을 알렸다고 합니다. 그러니 임포의 학에는 자신에겐 그런 존재가 없어서 찾아왔던 친구를 그냥 돌려보냈다고 한탄하는 뜻이 담겨 있습니다.

여안의 봉이란 무엇일까요? 여안이라는 사람이 자신의 친구인 혜강을 만나러 갔다 헛걸음을 했습니다. 그런데 혜강의 부재를 알려 준 이가 하필이면 혜강의 형 혜희였습니다. 혜희는 속물로 알려진 사람이었지요. 여안은 문에다 '봉(鳳)', 한 글자를 쓰고 사라졌습니다. 혜희는 그 이유를 몰랐습니다. 그저 별 싱거운 놈도 다 있네, 하고 생각했겠지요. 집으로 돌아온 혜강은 친구가 봉을 남기고 사라진 이유를 금세 깨달았습니다. 친구가 남긴 글자는 봉황을 뜻하는 봉이 아니라 범과 조의 합, 즉 평범한 새를 뜻하는 범조(凡鳥)였던 것입니다. 친구를 만나러 왔다 괜한 속물만 만난 아쉬움을 그대로 담은 것이지요. 그러므로 여안의 봉에는 자신 대신 하인만 만나고 돌아간 홍대용에게 사과하는 뜻이 숨어 있습니다.

박지원은 그런 자신의 마음을 친구에게 어떻게 표현했을까요? 홍대용에게 보낸 편지 말미에 그의 진심이 담겨 있습니다.

이제부터는 저녁달이 밝아도 함부로 나가지 않을 것입니다.

박지원이 실제로 그랬는지 안 그랬는지는 알 수 없습니다. 아무튼 홍대용의 '불쑥 찾아가기'는 일단 실패했지요. 그러나 박지원이 보낸 편지를 보면, 그리고 평생에 걸쳐 이어진 박지원과 홍대용의 진한 우정을 생각해 보면 '불쑥 찾아가기'는 결국 실패가 아니었습니다.

이제 '불쑥 찾아가기'의 위험은 다 해결된 걸까요? 그렇지 않습니다. 사실 '불쑥 찾아가기'의 가장 큰 위험은 못 만나는 게 아니라 '퇴짜를 맞는 것'이거든요. 이쯤에서 말을 바꿔야겠습니다. 앞서 나는 이렇게 썼습니다.

초등학교의 마지막 겨울 방학 때 학원에서 만난 친구입니다. 얼마 지나지 않아 우리는 둘도 없는 단짝이 되었지요.

생략과 비약이 가득한 글입니다. 마치 우리가 만나자마자 곧장 단짝이 된 느낌을 줍니다. 실은 그렇게 간단하지만은 않았습니다. 어찌 된 일인지 그 학원에는 나와 같은 초등학교에 다니는 아이들이 별로 없었습니다. 대부분은 길 건너 초등학교에 다녔지요. 체격도 좋은 데다가 어릴 적부터 리더 성향이 다분했던 그 친구는 아이들의 중심이었습니다. 친구와 다른 아이들은 학원을 마친 후 자기네 초등학교로 가서 농구를 했습니다. 어떻게 알았느냐고요? 뒤를 따라갔기 때문입니다. 그렇게 한 이유는 오직 하나, 친구와 가까워지고 싶었기 때문입니다! 한동안 멀찌감치서 쫓아다니기만 하던 나는 며칠 후 큰맘 먹고 학교 안으로 들어가 아이들의 '주위'까지 접근했습니다. 농구대 근처의 철봉에 매달려서 턱걸이 연습을 하는 척했습니다. 조금 미흡하기는 해도 내 식대로 '불쑥 찾아가기'를 시도한 것이지요. 별다른 효과는 없었습니다. 아이들이 내 존재를 눈치채기는 했습니다. 그러나 누구도 나를 불러서 농구에 끼워 주지는 않았습니다. 그럴 이유도 없었겠지요. 자기네들끼리 재미있게 농구를 하고 있었고, 더군다나 내가 끼워 달라 말한 것도 아니니까요. 왜 다가가서 말하지 않았느냐고 물을 수도 있겠습니다. 그러지 못한 이유도 하나입니다. 나는, 몹시 두려웠습니다. 퇴짜를 맞을까 봐 몹시 두려웠습니다.(그래서 나는 마커스와 박제가가 부럽습니다.) 그래서 철봉에 매달린 것입니다. 혹시라도 아이들이 다가와 왜 따라다니느냐고 물으면 턱걸이를 연습하러 왔다고 답하려고 말이지요.

한두 시간이 그렇게 지났고 아이들은 모두 학교를 떠났습니다. 나는 그때까지도 철봉에 매달려 있었습니다. 한참을 더 매달려 있은 후에야 집으로 돌아갔습니다. 팔도 아팠지만 기분 또한 몹시 우울했던 것으로 기억합니다. 참 우스운 일이지요. 나는 제대로 불쑥 찾아가지도 않았으면서 '퇴짜의 아픔' 하나만은 확실하게 느낀 셈입니다. 반전은 다음 날에 일어났습니다. 학원을 마치고 집으로 돌아가려는데 친구가 다가왔습니다. 친구가 내게 같이 농구하지 않겠느냐고 묻더군요. 나는 잠시 생각하는 척하다가 고개를 한 번 끄덕이고는 좋다고 말했습니다. 그 뒤로는 일사천리였지요. 나는 완벽하게 그들 속에 녹아들었고 더 나아가 친구와 단짝이 되었거든요. 어설픈 '불쑥 찾아가기'였지만, 결국은 성공한 것입니다.

아, 여기까지 쓰고 나서야 오랫동안 몰랐던 사실 하나를 새롭게 깨달았습니다. 어쩌면, 어쩌면 말입니다. 우정의 대상에게 불쑥 찾아간 것은 내가 아니라 친구 아닐까요?

이미 오랜 세월이 지난 지금, 친구도 세상을 떠나고 없으니 진실을 밝히기는 어렵습니다. 그러니 그 의문은 그냥 놓아두렵니다. 내가 말하고자 하는 바는 하나입니다. 우정을 만들고 지속하려면 시작해야 합니다. 그 시작이 바로 '불쑥 찾아가기'입니다.

첫 번째 법칙을 마무리하면서 나는 어쩔 수 없이 조카 녀석을 떠올립니다. 녀석은 내가 오기만을 목을 빼고 기다렸습니다. 이 첫 번째 법칙을 미리부터 알고 있었는지 녀석은 내 방에 불쑥 찾아와 나를 기다렸습니다. 그랬던 녀석에게 나는 어떻게 했나요?

마커스를 맞이한 윌처럼 하지 않았습니다. 박제가를 맞이한 박지원처럼은 더더욱 하지 않았지요. 녀석에게 무안을 주고 내쫓았습니다. 어렵사리 찾아온 녀석에게 퇴짜의 아픔을 준 나는 어쩌면 '우정 지속의 법칙'을 쓰기에는 지나치게 못된 삼촌인지도 모르겠습니다!

그나저나 조카 녀석의 사정이 무엇인지 궁금하기는 합니다. 사건(?)이 일어나고 며칠 뒤, 점심으로 혼자서 라면 하나를 끓여 먹을 때의 일입니다. 왜 밥을 안 먹고 라면을 먹느냐고 타박한 형수가 총각김치를 꺼내 주며 이렇게 묻더군요.

"기형이랑 이야기는 해 보셨어요?"

"아뇨, 무슨 일 있어요?"

"일이라기보다는 그냥 좀……."

형수의 휴대 전화가 울리는 바람에 이야기는 끊어졌습니다. 라면을 먹은 후 형수에게 가 보았습니다. 나와의 대화는 까맣게 잊은 채 걸레질을 하는 형수의 모습에 괜히 움츠러들어서 슬며시 밖으로 나왔습니다. 강변을 걸으며 다음에 쓸 법칙을 생각했습니다. 머릿속으로 대강의 방향이 정리되자 또 조카 녀석이 생각나더군요. 강에서 한가하게 놀고 있는 오리들을 보았습니다. 휘파람을 세게 불었습니다. 오리들은 미동도 하지 않았습니다. 한참 동안 오리 구경만 하다 집으로 돌아왔습니다.

줄 기 차 게   만 나 자

　두 번째로 소개할 '우정 지속의 법칙'은 '줄기차게 만나자'입니다. 조선 후기를 대표하는 학자인 정약용은 젊은 시절에 친구들과 '죽란시사'라는 시 모임을 결성하며 다음과 같은 규칙을 정했다고 합니다.

　　살구꽃이 처음 피면 한 번 모이고,

　　복숭아꽃이 처음 피면 한 번 모이고,

　　한여름에 참외가 익으면 한 번 모이고,

　　초가을 서늘해지면 연꽃을 구경하러 한 번 모이고,

　　국화가 피면 한 번 모이고,

겨울에 큰 눈이 내리면 한 번 모이고,

연말이 되어 매화 화분에 꽃이 피면 다시 한 번 모인다.

정약용의 글이라고 겁먹지 마시길. 이 규칙의 핵심은 그저 '줄기차게 만나자'입니다. 살구꽃과 복숭아꽃과 매화 등을 인용하니 꽤 고상해 보이지만 핵심은 그저 '친구들아, 어찌 되었건 줄기차게 만나자.'이지요.

'줄기차게 만나자'는 사실 설명할 것도 별로 없는 법칙입니다. 누구에게 배워서 아는 법칙이 아니니까요. 친구라면 당연히 줄기차게 만나야 하는 것이니까요. 「굿 윌 헌팅」이라는 영화에 등장하는 윌과 처키 또한 그랬지요.

윌과 처키는 보스턴 외곽의 허름한 동네에서 삽니다. 언제부터 친구였는지, 어떻게 친구가 되었는지는 모르겠습니다. 아무튼 스무 살 청년인 윌과 처키는 이 세상에서 가장 가까운 친구들입니다. 다른 친구들이 그러듯이 그들도 매일같이 줄기차게 만나지요. 그들의 하루가 어떤지 살펴볼까요? 아침이 되면 처키는 폐차 직전의 낡은 차를 몰고 윌의 집으로 옵니다. 카메라는 윌의 집 안을 비춥니다. 그곳에는 책이며 옷들이 여기저기 잔뜩 쌓여 있습니다. 지저분한 집 안에서 윌은 책장을 빠르게 넘기며 처키를 기다리고 있습니다.(이 영화의 복선이지요. 윌은 책을 훑어보기만 해도 그 내용을 단번에 이해하는 대단한 천재거든요!) 처키가 문을 두드리면 월은 책을 바닥에 던져 놓고 밖으로 나옵니다. 매일 보는 사이니 안부 인사 같은 것은 굳이 할 필요도 없지요. 월은 그저 아무 말 없이 처키의 차에 탑니다. 낮 시간 동안 그들은 일을 합니다. 먹고 살려면(혹은 나머지 시간을 빈둥거리며 놀려면) 어쩔 수 없이 일을 해야 하는 것이지요. 학력이 일천한 그들이 할 수 있는 일은 많지 않습니다. 건물 철거나 학교 청소 같은 육체노동뿐이고, 그마저도 늘 있는 것은 아니지요. 의무에 가까운 낮 시간을 보낸 그들은 밤에 다시 만납니다. 야구 연습장에서 공을 던지고 방망이를 휘두르거나 맥주잔을 들고 시답잖은 농담을 주고받으며 시간을 보냅니다. 일이 없는 주말 또한 마찬가지입니다. 동네 아이들의 야구를 메이저리그 경기라도 되는 것처럼 진지하게 지켜보거나 그마저도 심심하면 다른 패거리를 건드려 싸움을 일으키곤 합니다.

앞서 소개했던 「어바웃 어 보이」의 월과 마커스도 크게 다르지 않습니다. 물꼬를 튼 마커스는 매일같이 월을 방문합니다. 마커스가 초인종을 누르고, 누르고, 또 누르면 월은 별다른 기대도 없는 표정으로 문을 열어 줍니다. 둘이 뭘 하느냐고요? 그저 텔레비전만 봅니다. 건설적이라 부를 만한 일은 하나도 하지 않지요. 물론 겉모습으로는 어른인 월은 아주 가끔 마커스를 걱정해 줍니다. 자살 시도를 밥 먹듯 하는 마커스의 엄마에 대해 걱정 섞인 질문을 던지기도 하고, 마커스의 학교생활에 대해서도 관심을 보입니다.

그러나 그런 말을 하면서도 윌의 시선은 계속해서 텔레비전에 있지요. 그러니 마커스는 그저 윌과 함께 텔레비전을 보다 시간이 되면 집으로 돌아갈 뿐입니다.

친구와 나 또한 그랬습니다. 우리가 농구만 함께 한 것은 아닙니다. 어느 순간부터 친구와 나는 아침부터 밤까지 매일같이 붙어 지내게 되었습니다. 학원에 가지 않는 주말에도 빠지지 않고 만났지요. 무엇을 했느냐고요? 우리는 함께 바둑을 두고, 알까기를 하고, 농구를 하고, 카드놀이를 했습니다. 둘이 하기도 하고 때로 다른 친구들과 함께 하기도 했습니다. 친구의 집에서 하기도 했고, 우리집에서 하기도 했습니다. 주말이 되면 우리는 아침 일찍 모여 바둑을 서너 차례 두고 알까기 대전을 벌였습니다. 점심을 먹은 다음에는 서너 시간 농구를 했지요. 그러고는 저녁까지 함께 먹고 카드놀이를 몇 시간 더 한 후에야 헤어졌습니다.

중학교에 들어가기 전까지 내내 그랬습니다. 집에서 뭐라 하지는 않았느냐고요? 어머니가 중학교는 초등학교처럼 만만하지 않다며 몇 차례 협박하기는 했습니다. 하지만 우리는 귓등으로 흘려들었습니다. 부모님의 잔소리가 심해지면 하루 이틀 만나지 않는 척했다가 다시 만나 똑같은 일을 반복했지요.(그때만 해도 공부에 대한 압박이 지금처럼 심하지는 않았습니다.) 우리는 '줄기차게 만나자'라는 법칙을 완벽하게 준수함으로써 더 깊은 우정을 나누는 사이가 되었습니다.

　또 다른 기억이 떠오릅니다. 내 인생에서는 친구들과 '줄기차게 만난' 시기가 한 차례 더 있었습니다. 고등학교 시절의 마지막 몇 달 동안에도 나는 몇몇 친구들과 함께 살았습니다. 물론 문자 그대로 한집에서 살았다는 뜻은 아닙니다. 매일같이 만났다는 뜻이지요. 공식적으로 나는 학원에 다니는 것으로 되어 있었습니다.(아, 나는 참으로 부모에게 못된 자식이었습니다!) 그러나 국가시험—이기는 하지요—을 앞두고 있던 나는 학원에 가는 대신 친구들을 만났습니다. 친구들의 상황도 나와 똑같았지요. 우리들의 아지트는 교회의 고등부 사무실이었습니다.(지금은 더 이상 교회에 다니지 않습니다.) 물론 기도하고 찬양하기 위해 만난 것은 아닙니다. 우리는 윌과 마커스, 그리고 윌과 처키가 한 것과 똑같은 일을 했습니다. 만일을 대비해서 성경책을 펼쳐 놓고 쓸데없는 농담과 하나 마나 한 이야기로 시간을 보냈고, 떡볶이와 김밥과 햄버거를 몰래 반입해 먹고는 했지요.

　'우정 지속의 법칙'을 제대로 준수했지만 대가도 확실히 치렀습니다. 한 친구를 제외하고 나머지는 목표했던 대학에 합격하지 못했거든요.(지금은 작가가 된 K가 바로 그 친구입니다. 어떻게 그럴 수 있었는지 여태도 미스터리입니다.) 그런 우정이 대체 무슨 소용이냐고 할 수도 있겠습니다. 서로 도운 게 아니라 방해한 셈이니 말입니다. 하지만 나는 이렇게 말하렵니다. 그 시절은 절대 헛

되지 않았습니다. 지금도 그때를 생각하면 웃음이 떠오릅니다. 그리고 친구들과 보냈던 그 시간들이 그리워집니다. 그것만으로도 그 시절은 가치 있었다고 말하겠습니다.

*

대단한 이유를 기대했던 독자들의 얼굴에 실망하는 기운이 스멀스멀 떠오르는 것이 보이는군요. 그렇습니다. 줄기차게 만나자, 특별할 것도 없는 법칙입니다. 방법도 간단합니다. 그저 줄기차게 만나면 됩니다. 그럼에도 귀한 지면을 할애해 가며 이 법칙을 설명하는 이유는 무엇일까요?

실은, 이 법칙이 생각처럼 쉽지가 않습니다. 그저 줄기차게 만나기만 하면 되는데 무척이나 어렵거든요. 이쯤에서 내가 사랑하는 소년 박제가를 다시 한 번 인용합니다.

나는 깨달았다. 친구와의 우정에도 피할 수 없는 성쇠가 있다는 것을, 지난날은 지난날이고 지금은 지금이라는 것을.

불쑥 찾아가기의 대가가 쓴 글치고는 조금 이상하지 않습니까? 기록에 따르면 박제가는 '줄기차게 만나기'의 대가이기도 했습니다. 그런 그가 왜 갑자기 우정의 성쇠를 말하는 걸까요? 그에게 도대체 무슨 일이 있었던 걸까요? 갑작스러운 변화의 배경에는 물론 긴 사연 하나가 자리하고 있습니다.

어느 날 박제가의 친한 친구 이희경이 그에게 『백탑청연집』이라는 책 한 권을 가져왔습니다. 한때 매일같이 만나 이야기를 나누었던 여러 친구들의 편지와 글을 모아서 엮은 책입니다. 책을 내밀며 하는 이희경의 말이 의미심장했지요.

"중국의 문인들은 친구들과 만나고 헤어진 사연들을 모아 책으로 내곤 했네. 나 또한 그들의 사례를 따라 우리들이 만나고 이별한 일들을 기록했지. 자네가 서문을 쓰면 참 좋을 것 같아."

사연으로 가득한 책을 받아 든 박제가는 제일 먼저 친구들과 매일같이 만나 이야기를 나누던 시절을 떠올렸습니다. 그중의 백미는 뭐니 뭐니 해도 자신이 아내를 맞이하던 날 저녁의 일이었지요. 박제가는 안장도 없이 장인의 말에 올라타서는 불쑥 친구들을 만나러 나섰습니다.(박제가가 처음 생각해 낸 것은 아닙니다. 일찍이 왕양명이라는 중국 유학자가 했던 행동을 따라 한 것이지요.) 친구들과 밤새 술을 마시고 이야기를 나누었습니다. 다른 날도 아닌 아내를 맞이하던 날 저녁에 말입니다. 하지만 주목해야 할 것은 만남이 아닙니다. 이희경은 만남만을 말하지 않았습니다. 이희경은 친구들의 '만남과 이별'을 기록한 책을 만들었다고 했습니다. 왜 그랬을까요? 박제가가 쓴 서문에 답이 있습니다.

그로부터 육칠 년이 지났다. 친구들은 뿔뿔이 흩어졌다. 가난과 병은 날로 심해졌다. 친구들과 어쩌다 만나면 별 탈이 없음을 다행으로 여겼다. 노는 맛은 지난날에 비할 바가 못 되고, 친구들의 얼굴빛도 지난날과 달랐다. 나는 깨달았다. 친구와의 우정에도 피할 수 없는 성쇠가 있다는 것을, 지난날은 지난날이고 지금은 지금이라는 것을.

이 고백을 읽을 때마다 절로 한숨을 내쉬게 됩니다. 이 글을 썼을 때 박제가의 나이가 서른도 안 되었다는 사실을 알게 되면 더 큰 한숨이 나오지요. 박제가와 친구들이 나누었던 그 시끌벅적했

던 우정의 전성기는 채 십 년을 넘지 못했던 것입니다. 나의 사정
또한 다르지 않다는 것은 굳이 말할 필요도 없겠지요. 한때 단짝이
었던 친구는 세상을 떠났고, 국가시험을 앞두고 소중한 날들을 함
께했던 다른 친구들 또한 내 주변에서 거의 사라졌습니다. 하루,
아니 몇 시간이라도 못 보면 무슨 일이라도 생긴 건 아닌가 궁금
해하던 친구들이었지만 지나치게 호기심 많던 그 시절은 이제 먼
과거일 뿐입니다. 물론 아주 가끔 전화를 하고 그보다 더 가끔 만
나기도 하지만 줄기차게 만나던 시절은 사실상 끝났습니다.

　내 생각은 이렇습니다. 우정은 영원하지 않습니다. 우정은 시간

이 흐를수록 수량이 풍부해지는 깊은 강이지만 시간과 함께 바닥을 드러내는 얕은 개울이기도 하거든요. 세상엔 깊은 강보다 얕은 개울이 더 많지요. 그러므로 '줄기차게 만나자'라는 법칙은 실은 지속하기 굉장히 어려운 법칙인 것입니다. 그렇다면 어떻게 해야겠습니까? 시간이 흘러도 변함없이 깊은 강인 채로 있으려면 도대체 어떻게 해야겠습니까? 무슨 좋은 방법이 있기는 할까요?

뜻이 맞는 친구와 이웃해 산다. 집을 지은 꼴도 비슷하고 집 안을 꾸민 꼴도 비슷하다. 대나무를 엮어 사립문을 만든다. 그 문을 통해 서로 오고 간다. 친구가 보고 싶으면 마루에 서서 부른다. 부르는 소리가 끝나지도 않았는데 벌써 친구의 발이 토방에 올라와 있다. 아무리 비바람이 거세도 우리를 방해하지 못한다. 우리는 그렇게 넉넉하게 즐기며 늙어 갈 것이니까.

조선 후기를 대표하는 대문장가인 이용휴의 글입니다. 비바람이 몰아치는 날에도 마루에 서서 부르면 친구가 버선발로 후다닥 달려오는 풍경이라니 생각만 해도 마음이 따뜻해집니다. 친구들과 이웃해 사는 삶이란 나이를 먹어 가면서 누구든 한 번쯤은 꿈꾸어 보았을 것입니다. 생각은 많이 해도 막상 이루려면 쉽지 않지요. 이용휴 또한 그랬던 모양입니다. 이용휴의 이 글은 실제로 그가 그렇게 살았다는 게 아니라 바람을 적은 것이거든요. 그래서 이 글은 "나는 일찍이 한 가지 상상을 했다."라는 문장으로 시작됩니다. 하지만 이 글에는 반전이 있습니다. 오롯이 상상만은 아니라는 말입니다. 무슨 이야기냐고요? 이용휴는 이 글을 서 씨와 염 씨가 이웃해 사는 구곡동에 놀러 가서 썼습니다. 서 씨와 염 씨는 이용휴가 상상했던 그 모습 그대로 이웃해 살고 있었지요. 그래서 이용휴는 자신의 상상에 서 씨와 염 씨의 사연을 더해 새로운 글을 썼던 것입니다. 서 씨와 염 씨처럼 살고 싶다는 바람이 있었기에 썼겠지요. 이용휴가 그 뜻을 이루었는지는 알 수 없습니다. 다만 우리는 깊디깊었던 이용휴의 바람만을 읽을 뿐입니다.

여기까지 이르니 '줄기차게 만나자'라는 단순한 법칙이 좀 다르게 느껴지지 않습니까? 줄기차게 만나는 것은 사실 대단한 결심이 필요한 일입니다. 잠깐 동안은 누구라도 줄기차게 만날 수 있겠지요. 하지만 그 만남을 오래도록 지속하기란 쉽지 않습니다. 윌과 마커스, 윌과 처키도 마찬가지입니다. 그 만남의 끝, 우정의 끝에 대해서는 나중에 다시 언급하겠습니다.

*

'줄기차게 만나자'라는 법칙이 '우정 지속의 법칙'의 두 번째 자리를 차지한 이유에 대해서는 충분히 설명한 듯합니다. 그럼에도 이 법칙에 대한 설명은 아직 끝나지 않았습니다. 지금부터 이 법칙 안에 숨은 또 다른 법칙을 이야기하겠습니다. 숨은 법칙이란 바로

'가끔은 헤어져 있자'입니다. 이건 또 무슨 이야기인가 싶지요? 줄
기차게 만나라고 침 튀겨 가며 말하더니 느닷없이 가끔은 헤어져
있으라고 제멋대로 말을 바꾸니 도무지 영문을 모르겠지요? 구구
절절한 설명보다는 사례를 제시하는 게 좋겠습니다.

  김안국과 김정국 형제는 사화에 연루되어 정계에서 물러난 후
시골에서 살았습니다. 김안국은 이천에 살았고, 김정국은 고양에
살았지요. 둘은 서로의 집을 번갈아 방문하며 우애를 돈독히 다졌
습니다.
  어느 날 형 김안국이 동생 김정국의 손을 잡고 말했습니다.
  "나는 늙고 너는 병들었으니 우리가 만날 날도 그리 많이 남지
는 않은 것 같구나. 아예 같이 살면서 여생을 즐기는 것은 어떻겠
느냐?"
  김정국이 답했습니다.
  "저는 생각이 다릅니다."
  뜻밖의 대답에 놀란 김안국이 연유를 물었습니다.
  "형님과 더불어 산다면 참 좋겠지요. 그러나 같이 살게 되면 하
인들끼리 다툴 수 있고 여인들이 반목할 수도 있습니다. 다툼이 일
어나면 후회가 생길 터이니 지금처럼 가끔씩 만나 즐거움을 나누
는 것보다 훨씬 못합니다. 더 중요한 이유가 있습니다. 이별하면
그립고 다시 만나면 즐겁습니다. 그럴 때마다 우애가 더욱 돈독해

짐을 느끼니 이보다 좋은 일이 어디에 있겠습니까?"

김안국은 잠시 생각한 후 고개를 끄덕였습니다.

"너의 말이 맞다."

"이별하면 그립고 다시 만나면 즐겁습니다."라는 말이 가슴을 울립니다. 어찌 보면 연인들의 대화 같기도 하지요. 며칠 못 봤다 다시 만나면 세상을 다 얻은 듯 기쁜 이들이 바로 연인들입니다. 친구도 그와 같습니다. 우정도 그와 같습니다. 줄기차게 만나는 기쁨은 짧은 헤어짐으로 배가됩니다. 물론 짧은 헤어짐이어야 합니다. 헤어짐이 길면 우정도 멀어지는 법이니까.

김안국과 김정국 형제의 우정도 멋지지만 내가 너무도 소중하게 생각하는 또 다른 사례가 있습니다.(형의 집에 빌붙어 사는 이즈음, 조카 녀석과 은근한 신경전을 벌이고 있는 이즈음, 더욱 그렇습니다!) 김안국은 짧은 헤어짐에 담긴 우정의 법칙을 담담한 문장으로 서술했지만 타고난 문장가인 신정하는 너무도 진솔하고 아름다운 문장으로 줄기차게 만나되 가끔씩 헤어져야만 하는 아름다운 모순의 비밀을 묘사했습니다.

이럴 때면 더욱더 네가 생각난다.

명문가의 자손인 신정하는 북평사가 되어 함경도로 갔습니다.

신정하는 그곳에서 책상 앞에 앉아 공부만 하던 시절엔 꿈도 꾸지 못했던 다양한 경험을 했습니다. 들판을 달리고 장검도 휘둘러 보았습니다. 그중의 백미는 노루 사냥이었지요. 팔백 명이 넘는 궁수와 사냥꾼들을 데리고 노루 사냥을 했습니다. 함경도의 노루들을 몰살시킬 기세였지요. 그렇게 잡은 노루를 함경도 사람들처럼 그 자리에서 칼로 잘라 먹었습니다.

이전엔 꿈도 꾸지 못했던 호쾌하고 장쾌한 나날들을 보내며 신정하는 조카 신방을 떠올렸습니다. 조카라고는 하지만 다섯 살밖에 차이 나지 않았지요. 그런 까닭에 둘은 어릴 적부터 함께 공부하며 가깝게 지냈습니다. 삼촌과 조카라기보다는 마음이 잘 맞는 친구로서 줄기차게 만나며 하루하루를 보냈던 것이지요. 신정하는 조카이자 친구인 신방을 생각하며 편지를 썼습니다.

낮에는 사냥하고 밤에는 책을 읽는다. 사이사이 바둑도 두고 술도 마신다. 그 기상이 답답한 책상물림들과는 다르니 웃을 만하다. 아쉬운 것도 있다. 아픈 몸이 온전히 낫지를 않았다. 답답한 것도 있다. 함께한 이들은 멋진 강산을 보고도 시 한 수를 뽑기는커녕 책만 보고들 있다.

긴 편지를 쓰려던 것은 아니었습니다. 오랫동안 보지 못한 조카에게 그저 소식이나 전하려는 것이었지요. 하지만 신정하는 자신이 쓴 편지가 마음에 들지 않았습니다. 편지에는 무언가가 빠져 있었습니다. 구구절절 말은 많았으나 꼭 들어가야 할 무언가가 빠진 것 같았지요. 신정하는 문을 열어 바람 한 줄기를 방 안에 들였습니다. 그 호쾌하고 장쾌한 바람이 한 문장을 선물했습니다. 신정하는 편지에 빠져 있던 마지막 문장을 채워 넣었습니다.

  이럴 때면 더욱더 네가 생각난다.

  김안국의 선언적인 말과 신정하의 감각적인 문장이 알려 주는 바는 같습니다. 줄기차게 만나되 가끔은 헤어져 있어야 우정이 더 깊어진다는 것입니다.

*

  나는 조카 녀석이 초등학교 4학년에 올라가던 해까지 녀석과 같은 방을 썼습니다. 그때 역시 시간이 무척 많았던 나는 거의 매일을 녀석과 놀면서 보냈습니다.(은근히 녀석이 오기만을 기다렸던 '민망한' 기억도 떠오릅니다.) 녀석이 바둑과 카드 같은 잡기에 남다른 실력을 갖게 된 까닭이지요. 그 뒤로 나는 육 년 가까이 혼자 살다가 다시 형의 집으로 들어왔습니다. 육 년의 공백에도 불구하고 녀석과 나의 사이는 변하지 않았습니다. 김안국과 신정하처럼 된 것 같지만 이제는 그렇지 않습니다. 얼마 전의 사건(?)으로 나는 녀석에게 없는 것이나 마찬가지인 사람이 되었으니까요. 내가 아무런 행동도 하지 않은 건 아닙니다. '우정 지속의 법칙'을 쓰면서 느끼는 바가 있었기에 녀석과의 관계 개선을 시도하기는 했습니다. 형수가 총각김치를 주며 했던 의미심장한 발언도 한몫했지요. 형수는 말을 끝맺지 않았지만 나는 작가 특유의 본능(?)으로 뭔가 심상치 않은 일이 벌어지고 있는 낌새를 느꼈습니다. 녀석이 다시 내 방에 찾아오지 않으니 내막을 알려면 녀석에게 다가서는 척이라도 해야 했지요. 내 나름으로는 꽤 노력했습니다. 녀석과 마주치면 먼저 말—일어났냐, 밥 먹었냐 따위의 곰살궂은(?) 말들—을 걸었습니다. 녀석은 대답하지 않았습니다. 대답은커녕 아예 고개를 돌려 나를 외면했지요. 몇 번의 인내 끝에 마침내 나는 녀석의 뒤통수에다 따뜻한 소리를 내뱉었습니다.

"옹졸하긴."

녀석은 아무런 반응을 보이지 않았습니다. 그래서 한마디 더 보탰지요.

"뭔 일 있냐?"

역시 대답하지 않기에 너그러운 목소리로 덧붙였습니다.

"할 말 있으면 언제든 와라. 나도 파란만장한 중학교 시절을 보냈다. 그래서 니가 지금 뭘 고민하는지 다 알거든."

일부러 녀석을 도발할 만한 말만 골라서 했습니다. 하지만 녀석은 끝내 아무 말 없이 방으로 들어가 버렸습니다.

녀석을 이해합니다. 화가 풀리려면 아직 시간이 더 지나야겠지요. 지금 단계에서는 나라도 녀석처럼 행동했을 것 같습니다. 아니, 쉽게 욱하는 내 기질로 보건대 모범생답게 온건히 반항하는 녀석보다 훨씬 심하게 행동했겠지요.

방법은 하나뿐입니다. 명색이 삼촌이니, 그것도 꽤 친밀했던 사이이니 윽박지르고 어르고 젠체하기보다는 진심으로 녀석에게 다가가야겠지요. 가끔씩 헤어지는 것은 결국 우정에 도움이 된다는 아름다운 법칙을 생각하며 삼촌이 아닌 친구로서 녀석에게 먼저 다가가야겠지요. 하지만 나는 아직 그렇게 하지 못하고 있습니다. 이유는 간단합니다.

나는, 「어바웃 어 보이」의 윌과 같은 어른입니다.

겉은 어른이되 속은 철부지입니다. 우정의 지속에도 실패한 사람입니다. 그러니 나는 조카와 진심을 나누지 못하고 그저 방 안에 틀어박혀 신정하의 문장만 읽습니다. 만남과 헤어짐을 통해 깊이를 더해 가는 그 멋진 우정에 머리로는 감탄하지만, 조카 녀석에게 주려고 산 문화상품권은 정작 건네지도 못하고 있을 뿐입니다.

법칙 ❸

둘 만 의   것 을   공 유 하 자

　우정이 일정 궤도에 진입한 뒤 꼭 갖추어야 할 것이 하나 있습니다. '공유'입니다. 세상 모두와 공유하는 게 아닙니다. 오직 친구끼리만 나누는 것이지요. 무엇을 공유하는가는 중요하지 않습니다. 공유한다는 사실 그 자체가 중요하거든요. 그 아름다운 공유의 현장을 김광수와 이광사에게서 볼 수 있습니다.

　오래된 서화를 수집하는 취미가 있었던 김광수와 서예가인 이광사는 둘도 없는 친구였습니다. 둘도 없는 친구는 여러모로 비슷하기 마련인데 그들은 그렇지 않았지요. 나이도 달랐고,(김광수가 이광사보다 일곱 살이 많았습니다.) 성격도 달랐고,(김광수는 꼼꼼했고 이광사는 무뎠습니다.) 성품도 달랐습니다.(김광수는 모든 걸 포용했고 이광사는 불끈했습니다.) 둘에게도 자신들의 우정은 일종의 미스터리였던 모양입니다. 그 별난 우정에 대해 이광사는 이렇게 썼습니다.

김광수는 다른 친구도 없이 유독 나하고만 친하다. 나 역시 유독 김광수 하고만 친하다. 보통은 성품과 취미가 비슷한 이를 친구로 사귀기 마련이다. 우리는 서로 반대인데도 유독 친하니 도무지 이치를 알 수 없다. 김광수에게 물었더니 자기도 까닭을 모르겠다면서 내게 되물었다. 나 역시 모른다. 나와 김광수가 모르니 세상 그 누가 이를 알겠는가?

당사자도 모르고 세상 그 누구도 모르는 우정을 지속하기 위해 둘은 무엇을 했던가요? 무엇을 공유했던가요? 그것은 바로 '집'입니다. 김광수는 이광사를 위한 집을 따로 마련했습니다. 오직 이광사만을 위한 집이었지요. 이광사가 마음만 먹으면 언제든 한달음에 달려올 수 있도록 서대문 사거리 근처에 집을 마련한 것입니다.
그렇습니다. 그것은 정말 이광사만을 위한 집이었습니다. 어떻게 장담할 수 있느냐고요? 집의 이름을 보면 명확합니다. 김광수가 그 집에 붙인 이름은 '내도재(來道齋)'입니다. 내도재가 무슨 뜻일까요? 이광사의 자인 '도보(道甫)'가 힌트입니다. 내도재는 바로 도(보), 즉 이광사가 와서 머무는 집이란 뜻입니다.
그렇다면 그 집에서 둘은 무엇을 했을까요? 다시 한 번 이광사의 글을 인용합니다.

> 서재를 내도라 정하고는 날마다 말을 보내 날 불렀다.
> 우리는 한 달에 백 번은 마주 보며 흰 이빨 드러내고 껄껄껄 웃었다.

과연 껄껄 웃기만 했을까요? 그럴 리는 없겠지요. 모르긴 몰라도 서로 밥 먹고 술 마시고, 김광수의 취미와 이광사의 장기인 서화와 서예에 대한 이야기도 빠지지 않았을 것입니다. 그럼에도 나는 이들 우정의 핵심은 "흰 이빨 드러내고 껄껄껄 웃었다."에 있다고 생각합니다.

어쩌면 매일 세 번씩 보았다는 이광사의 고백 — 한 달에 백 번이라고 했으니까요 — 은 과장일 수도 있습니다. 일 년 열두 달 하루도 빠지지 않고 내도재에 간 것은 아닐지도 모르지요. 실제로는 일 년 중 단 한 달일 수도 있고, 열흘일 수도 있고, 어쩌면 단 하루일 수도 있습니다. 그렇더라도 이광사의 고백은 결코 거짓이 아닐 것입니다. 이광사는 내도재에 가지 않았을 때도 늘 그곳을 생각했을 테니까요. 내도재를 생각하며 김광수를 떠올렸을 테니까요. 왜 그랬을까요? 친구 김광수가 자신을 위해 마련한 '공유의 현장'이 정말로 존재하기 때문입니다. 김광수는 내도재를 통해 이광사와 늘 함께하고 싶다는 마음을 솔직히 드러냈습니다. 그런 김광수의 마음과 그 마음이 담긴 공간을 어찌 이광사가 잊을 수 있겠습니까? 그랬기에 이광사는 내도재에 가건 가지 않건 늘 내도재에 있는 셈이었고, 김광수를 만나건 만나지 않건 늘 함께 있는 셈이었지요. 이것이 바로 무언가를 공유한다는 것의 진정한 의미입니다. 서로 함께할 수 없는 상황에서도 함께할 수 있게 만들어 주는 것이 바로 진정한 공유입니다.

감동적인 사례입니다. 하지만 21세기 대한민국에 사는 우리가 다른 것도 아닌 집을 친구와 공유하기란 어렵겠지요. 그러니 그 의미는 받아들이되 사례는 다른 것으로 찾아야 할 듯합니다. 여기 좋은 사례가 하나 있습니다. 집과 달리 비용이 거의 발생하지 않지요. 이 사례의 주인공은 김유근이고, 공유한 물건은 도장입니다.

김유근, 낯선 이름일 것입니다. 김유근보다는 친구가 더 유명합니다. 바로 추사 김정희이지요. 김유근, 김정희, 그리고 정치가 권돈인까지, 이 세 사람은 삼총사처럼 가까운 사이였습니다. 그러나 셋은 자주 만나지 못했습니다. 모두 무척 바빴거든요. 김유근은 당대를 주름잡았던 안동 김씨 중에서도 핵심 인물이었고, 권돈인은 소문난 정객이었지요. 김정희 역시 정치계와 예술계에서 내로라하는 사람이었고요. 그렇다 보니 세 사람이 동시에 만나기란 하늘의 별 따기였습니다. 그럼에도 세 사람은 매일같이 만났습니다. 어떻게 그럴 수가 있었을까요? 도장이 있었기 때문입니다. 공유물인 도장이 있었기 때문입니다. 다음은 김유근의 글입니다.

나와 김정희와 권돈인은 돌처럼 단단한 우정을 나누는 친구들이었다. 하루라도 보지 않으면 너무 슬퍼서 실성한 기분까지 들었다. 그렇지만 사람이 살면서 어떻게 하루도 일이 없을 수 있겠는가? 오르막과 내리막, 슬픈 일과 즐거운 일이 번갈아 일어나는 세상을 살면서 어떻게 하루도 빠짐없이 만날 수가 있겠는가?

　　방법이 하나 있다. 도장만 있으면 그걸로 끝이다. 내겐 김정희와 권돈인의 이름과 호를 새긴 도장이 있다. 이름과 호가 새겨져 있으니 도장이 곧 그 사람이나 다름없다. 옛 그림을 하나 구했다고 치자. 나는 그 그림 좌우에 두 사람의 이름과 호가 새겨진 도장을 찍은 후에야 감상을 시작했다. 나는 홀로 그림을 보는 게 아닌 셈이었다. 그러므로 나는 지금까지 두 사람을 만나지 않은 날이 단 하루도 없었다고 자신 있게 말할 수 있다.

참으로 멋진 생각 아닌가요? 모든 것이 서명 하나로 끝나는 요즘이야 도장의 존재 가치가 희미해졌지만 그때는 그렇지 않았습니다. 도장은 바로 그 사람을 상징했지요. 김유근이 김정희와 권돈인의 도장을 갖고 있었다는 것은 정말로 그 두 사람을 곁에 두었다는 의미와 다름없습니다. 그러니 김유근은 '공유'의 진정한 뜻을 제대로 알았던 사람입니다. 내 추측이지만 김정희와 권돈인 또한 친구들의 이름과 호를 새긴 도장을 갖고 있었을 것 같습니다. 그런 내용을 담은 글은 어디에서도 본 적이 없지만 내 생각에는 꼭 그랬을 것만 같습니다.

*

　나와 내 친구 또한 무언가를 공유한 경험이 있습니다. 그 공유물은 바로 '책'이었습니다. 부모님의 영향으로 어릴 때부터 교회에 다녔던 나는 중학교에 들어간 후 곧바로 친구를 교회로 끌어들였습니다. 친구는 느슨하게 불교를 믿는 집안의 아이였습니다. 친구는 일 년에 한두 번 절에 갈 뿐이니 실제로는 종교가 없는 셈이라고 말했지만 아무래도 교회보다는 절이 친숙했겠지요. 그럼에도 친구는 내가 말하자 두말 않고 교회에 나왔습니다. 친구 덕분에 지루했던 예배 시간도 조금은 견딜 만한 것이 되었습니다. 재미없던 성경 공부 시간도 그럭저럭 참을 만한 것이 되었습니다. 물론 교회를 마친 후에는 함께 놀았지요. 하지만 교회는 아무래도 친구에게 잘 맞지 않는 모양이었습니다. 하품하는 친구의 모습을 여러 차례 보았기에 친구가 "교회는 그만!"이라 선언했을 때 나도 더 강요하지 않았습니다.

　이야기는 그 후에 시작됩니다. 일주일 정도 지난 후 친구는 내게 책 한 권을 내밀었습니다. 『사람의 아들』이라는 책이었습니다. 『사람의 아들』, 이문열의 대표작이라 할 수 있는 그 소설은 사실 중학교 1학년이 읽기에는 많이 버거운 책입니다.(궁금하시면 읽어 보시길!) 그렇다면 친구는 왜 내게 그 책을 내밀었을까요?

그 당시 교회 선생님은 무척이나 지적인 분이었습니다. 그분은 성경 공부 시간에 종종 우리들이 읽으면 좋을 책들을 언급하곤 했는데 그중에서도 가장 강력하게 추천한 책이 바로 『사람의 아들』이었지요. 그 강력한 추천은 마침 친구가 나를 따라 교회에 다니던 시기에 이루어졌습니다. 선생님은 열의로 가득 차 있었지만 나는 달랐습니다. 교회에 마지못해 다닌 것은 사실 친구뿐만이 아니었거든요. 나 또한 그랬지요. 집안의 강압에 못 이겨 나가던 교회였습니다. 나는 믿음이니 구원이니 하는 문제에는 손톱만큼도 관심 없었습니다.(그럼에도 고등학교를 마칠 때까지 교회를 다녔습니다. 내가 마냥 부모의 속을 썩이기만 했던 것은 아니라는 작은 증거입니다.) 상황이 그러했으니 학교 선생님도 아닌 교회 선생님이 추천하는 책까지 읽을 까닭은 조금도 없었지요. 문제는 그다음 주였습니다. 선생님이 우리들에게 혹시 책을 읽어 보았는지 물었거든요. 아이들은 서로의 얼굴을 외면하고 고개만 숙였습니다. 나는 이렇게 대답했습니다. "책을 구할 수가 없었어요. 서점에도 없더라고요."

물론 거짓말이었지요. 나는 그 책을 찾아보지도 않았습니다. 그렇다고 별것도 아닌 일로 괜히 죄의식에 사로잡히거나 모자라는 아이 취급을 받고 싶지도 않았습니다. 그래서 거짓말을 한 것입니다. 교회 선생님은 그런 나를 더는 추궁하지 않았습니다. 그 책에 대한 일은 그렇게 넘어갔다 싶었습니다. 그렇지 않았습니다. 다른 사람도 아닌 친구가, 교회를 그만둔 후에 그 책을 내민 것입니다. 친구는 아버지에게 부탁해서 책을 샀다고 했습니다. 두 권을 사서 한 권은 자신이 갖고, 나머지 한 권은 내게 주는 거라고 말입니다.(그때 친구가 지었던 그 어색한 표정은 지금도 잊을 수 없습니다. "너에게 주는 선물이야."라니 중학교 1학년 남자애가 입에 담기에는 참으로 껄끄러운 말이었지요.)

　친구로부터 책 선물을 받기는 그때가 처음이었습니다. 아니, 생일도 아닌데 무언가를 받은 것 자체가 처음이었지요. 좀 어색하기는 해도 속으로는 좋아해야 마땅했겠지만, 사실 내 기분은 정확히 말해 '그냥 그랬습니다'! 친구가 선물을 주었다는 사실에 불만을 가졌던 것은 물론 아닙니다. 『사람의 아들』을 받는 순간, 나는 내가 그 책을 결코 읽지 않으리라는 것을 깨달았습니다. 교회도 의무감으로 다니고 있는데 교회 선생님이 읽으라고 한 책—보나 마나 고리타분할 것이 뻔한—을 일부러 시간 내어 읽지는 않을 게 너무도 뻔했기 때문입니다. 속내가 그렇더라도 친구에게 대놓고 "난 이 책 안 읽을 건데." 하고 말할 수는 없었습니다. 내게도 그 정도의 예절은 있었거든요. 나는 고개를 끄덕이고는 『사람의 아들』을 받아 들었습니다. 어색한 분위기를 조금이라도 무마하기 위해 "자식, 머리에 총 맞았냐?" 하고 덕담(?)을 퍼붓는 것도 잊지 않았습니다.

며칠이 지났습니다. 수업을 마치고 막 농구를 하려던 참이었지요. 친구는 내 어깨에 손을 올리더니 비밀 이야기라도 하듯 낮은 목소리로 그 책이 어땠는지 물어보았습니다. 나는 잠시 당황했지만 이내 능숙하게 눈살을 찌푸리며 "더럽게 재미없어. 하여간 꼰대들은." 하고 말했습니다. 친구는 크게 웃으며 손바닥을 마주쳤습니다. 그걸로 끝이 아니었습니다. 친구가 내게 다른 할 말은 없느냐고 물었거든요. 나는 별다른 생각도 하지 않고 "야, 왜 이래? 지루한 책 이야기는 이제 그만해." 하고 일갈해 버렸습니다. 친구의 얼굴이 잠깐 굳어졌습니다. 내 거짓말을 알아챘나 싶어 한순간 몹시 당황했습니다. 하지만 나는 뻔뻔한 사람입니다. 나는 친구의 등을 세게 두드리곤 드리블을 하며 친구의 포위망을 빠져나갔습니다. 오후 내내 우리는 몸을 부딪치며 함께 농구를 했습니다. 내 기억에 그날 이후 친구가 『사람의 아들』에 대해 다시 말을 꺼낸 적은 없습니다.

오랜 세월이 흐른 지금에야 나는 왜 친구가 내게 『사람의 아들』을 선물로 주었는지 깨닫습니다. 『사람의 아들』을 한 권도 아닌 두 권이나 산 이유를 말입니다. 친구에게 『사람의 아들』은 단순한 책이 아니라 '공유물'이었습니다. 친구는 그 책을 통해 우리의 우정이 지속되길 바랐던 것입니다.(왜 하필 그 책이었는지, 나는 그 이유를 모릅니다.) 김광수와 이광사가 그러했듯, 김유근과 김정희와 권돈인이 그러했듯, 우리의 우정 또한 책 한 권을 통해 계속해서 이어지기를 바랐던 것입니다.

*

　내 친구는 '책'을 공유함으로써 오랫동안 우정을 이어 나가길 꿈꾸었습니다. 김광수와 이광사는 '집'을, 김유근과 김정희와 권돈인은 '도장'을 공유함으로써 자신들의 우정이 만세불변하기를 바랐습니다. 하지만 꼭 물건을 주어야 공유인 것은 아니지요. 여기 물질적인 무언가를 아무것도 주고받지 않은 친구들이 있습니다. 하지만 나는 그들의 이야기를 공유의 최고 사례로 생각합니다.

　「계산포무도」라는 아름다운 그림으로 널리 알려진 전기와 서화가 유재소는 세상에 둘도 없는 친구였습니다. 전기가 유재소보다 네 살 많았습니다. 하지만 사 년의 간격은 둘의 우정에 아무런 영향도 미치지 못했지요. 서로를 알게 된 후 둘은 매일같이 붙어 지내다시피 했습니다. 그러면서도 헤어지면 아쉬워했고, 다시 만나면 일 년 만에 보는 사람들처럼 반가워했습니다.(진실한 우정은 그 모습이 참으로 비슷합니다!)

　그러던 어느 날, 둘에게 새로운 사건이 하나 생겼습니다. 전기가 약방을 차린 것입니다. 약방에는 이름이 있어야 하는 법이지요. 그래서 두 사람은 약방의 이름을 짓기 위해 머리를 맞댔습니다. '이초당(二艸堂)'이라는 이름을 먼저 꺼낸 이가 네 살 많은 전기였는지, 아니면 네 살 적은 유재소였는지는 알 수 없습니다. 다만 한 가지만은 확실합니다. 둘 중 누군가의 입에서 이초당이라는 이름이 튀어나왔을 때 약방 이름을 둘러싼 논의는 그대로 끝나 버렸다는 것, 그 하나만은 말입니다.

이초당! 둘이 애타게 찾던 바로 그 이름이었습니다. 이초당은 '이+초당'입니다. 초당의 초는 '풀 초(草)'이니 약초를 취급하는 가게라는 의미이지요. 그러므로 이초당을 문자 그대로 풀이하자면 '두 사람이 약초를 취급하는 가게'라는 뜻이 됩니다. 재기 넘치는 이름입니다. 하지만 유달리 예민한 감성으로 유명했던 두 사람이 그 정도에 만족해 논의를 끝냈을 리 없지요. 사실 이초당에는 둘의 관계를 아우르는 더 중요한 의미가 숨어 있습니다.

옛사람들이 그렇듯 둘에게도 호가 있었습니다. 전기는 '두당(杜堂)'이라는 호를 썼고, 유재소는 '형당(衡堂)'이라는 호를 썼지요. 그래서 전기는 유재소를 '형당 아우'라 불렀고, 유재소는 전기를 '두당 형'이라고 불렀습니다. 그러므로 이초당에는 두당과 형당, 이 두 사람이 함께 모인 곳이라는 의미 또한 있는 것입니다.

이초당! 세상 사람에겐 별 의미가 없을지라도 자신들에겐 각별한 의미가 있는 그 이름을 전기와 유재소는 그저 약방 이름으로만 쓰지는 않았습니다. 둘의 머리에서 나온 이름은 이윽고 둘의 새로운 호가 되었거든요. 두당 전기는 이초당 전기가 되었고, 형당 유재소는 이초당 유재소가 되었습니다.

태어났을 때 각자의 부모에게서 서로 다른 이름을 받았습니다. 그러나 생의 어느 순간에 같은 이름을 갖게 되었습니다. 둘의 뜻에 따라 같은 이름을 갖게 된 것입니다. 다른 누구도 이루지 못한 완벽한 공유이지요.

*

세 번째 법칙을 마치고 깊이 옛 생각에 사로잡힌 나는 자리에서 일어나 책장을 뒤적거립니다. 『사람의 아들』을 찾기 위해 미로처럼 복잡한 책장을 헤맵니다. 없습니다. 『사람의 아들』은 어디에도 보이지를 않습니다. 버렸을 리는 없습니다. 그 책은 친구가 내게 준 유일한 공유물입니다. 형의 집으로 오면서 많은 책을 버렸을 때도 그 책만큼은 챙겨 넣었던 기억이 생생하거든요. 하지만 얼치기 작가의 미로처럼 복잡한 책장 속에서 그 책은 어디론가 숨어 버렸습니다. 친구가 내 삶에서 모습을 감춰 버렸듯 『사람의 아들』 또한 완벽하게 자취를 감추었습니다. 과연 우연일까요?

한참을 더 찾다 포기했습니다. 인터넷 서점에 들어가 『사람의 아들』을 검색했습니다. 장바구니에 넣으려다 말았습니다. 새로 책을 산다고 될 일이 아닙니다. 문제의 핵심은 다른 곳에 있으니까요. 지금까지의 경험에 따르면 아마도 책은 당분간 모습을 드러내지 않을 테지요. 주체적 의지라도 지닌 양 책장 어딘가에 깊숙이

숨어서 나를 괴롭힐 대로 괴롭힌 후에야 은근슬쩍 모습을 드러내겠지요. 그렇더라도 나는 아무런 할 말이 없습니다. 그렇게라도 모습을 드러내 준다면 그저 고마울 뿐입니다.

『사람의 아들』은 포기하고 그 대신 박제가의 산문집인 『궁핍한 날의 벗』과 J. D. 샐린저의 『호밀밭의 파수꾼』을 장바구니에 담았습니다. 이미 가지고 있는 두 책을 장바구니에 담은 까닭은, 조카 녀석에게 주기 위해서입니다. 맨정신에 썰렁하게 이야기하기보다는 '공유물'인 책이라도 건네며 실마리를 푸는 게 좋을 듯싶었습니다. 아무래도 문화상품권보다는 실물인 책이 제격이겠지요.

(추신 삼아 덧붙입니다. 나는 『사람의 아들』을 결국 읽기는 읽었습니다. 대학에 다닐 때였지요. 그날따라 왠지 울적해 강의도 빼먹고 도서관에서 하릴없이 시간을 보내다 『사람의 아들』을 발견했습니다. 곧바로 자리에 앉아 끝까지 다 읽었습니다. 아니나 다를까 중학교 1학년이 읽기에는 어려운 책이더군요. 교회 선생님은 중학교 1학년의 일반적인 수준을 너무 높게 생각했습니다. 그럼에도 책을 다 읽은 순간 내 머릿속에는 『사람의 아들』을 그 시절에 읽었더라면 얼마나 좋았을 것인가 하는 후회가 들었습니다. 너무 늦은 후회입니다. 친구는 벌써 오래전에 세상을 떠났으니까요.)

2장

깊은 사이 – 내가 너의 진짜 친구가 될 수 있을까

법칙❹ 소중한 것을 아낌없이 내주자
법칙❺ 약속을 꼭 지키자
법칙❻ 함부로 대하지 말자

법칙 ❹

소 중 한 것 을 아 낌 없 이 내 주 자

책장을 뒤진 것이 마냥 헛수고는 아니었습니다. 『사람의 아들』
은 못 찾았지만 『동패락송』이라는 책을 찾았거든요. 이름처럼 고
풍스러운 책 표지를 보는 순간 허균의 편지 하나를 떠올렸습니다.

"빌려 간 책을 돌려주는 것은 더디고도 더디다."라는 옛사람의 말이 있
습니다. 더디다는 것도 일 년이나 이 년입니다. 책을 빌려 드린 지 십 년이
넘었습니다. 그만 돌려주시기 바랍니다.

예민한 독자들은 이미 눈치챘겠지만 『동패락송』은 내가 산 책
이 아닙니다. 몇 년 전 K에게서 빌린 책이지요. 미안한 마음이 아

주 잠깐 들었습니다. 하지만 허균에게서 책을 빌린 이에 비하면 아무것도 아니라는 생각에 이내 미안함을 지워 버렸습니다.(허균도 이 년까지는 괜찮다고 했습니다. 그렇다면 삼사 년 또한 괜찮겠지요. K도 내게서 빌려 간 책이 아마도 있을 테니 피장파장인 셈입니다!) 표지에 묻은 먼지를 살짝 털어 낸 후 뒤적거렸습니다. 『동패락송』을 보는 순간 허균의 편지와 함께 불현듯 떠오른 또 다른 기억이 있었기 때문이지요. 절반쯤 넘겨 보았을 때 종이 한 장이 바닥에 떨어졌습니다. 책을 내려놓고 종이를 집어 들었습니다. 어쩌면 나는 이 종이를 찾기 위해 책장을 뒤졌는지도 모르겠습니다. 그종이에는 내가 쓴 글이 적혀 있었습니다. 『동패락송』에서 내 마음을 끌었던 이야기를 내 식대로 다시 풀어 쓴 글입니다.

　　자네는 나를 찾아와 놓고도 아무 말도 하지 않았네. 자네가 아무 말도 하지 않기에 나도 아무 말도 하지 않았네. 그 침묵이 견디기 어려웠던 까닭일까? 자네는 자리에 앉은 지 한참이 지나서야 그 노인을 만났다며 한마디 툭 던졌네.

　　자네가 어렵게 꺼낸 한마디를 듣고도 나는 아무 말도 하지 않았네. 노인을 만나라고 말한 건 바로 나일세. 자네가 끈질기게 부탁했기에 나는 자네에게 노인을 만나라고 말했네. 그러므로 내게서 무슨 말을 듣기 원한다면 자네가 노인을 만나 무엇을 했는지를 말해야 했지. 그러나 자네는 그 노인을 만났다는 말 한마디를 꺼낸 뒤로는 입을 닫았네. 더 할 말이 없다는 듯,

혹은 무슨 말을 해야 할지 모르겠다는 듯 입을 꾹 닫았네.

그런 자네를 보면서 나는 자네가 노인을 만나 무엇을 했을지 생각했다네. 자네는 내가 말한 대로 남대문 앞에 가서 문이 열리기만을 기다렸겠지. 소에다 섶을 실은 노인이 문을 통과하자 뒤를 따르며 제발 수명을 늘려 달라고 애걸했겠지. 노인은 거절했을 게야. 자신은 섶을 파는 노인이지 수명을 늘려 주는 노인이 아니라며 딱 잡아뗐겠지. 그래도 자네가 끈질기게 쫓아가며 애걸하자 마침내 노인은 화를 내며 이렇게 말했겠지.

"정렴이 이렇게 하라고 시켰더냐?"

자네는 굳이 내 이름을 밝힐 필요는 없다고 생각했겠지. 혹시라도 노인이 내게 해를 끼칠 수 있으니 말일세. 하지만 노인의 다음 말은 자네의 마음을 완전히 흔들어 놓았겠지.

"정렴의 수명을 덜어 너에게 주겠다. 그러니 이제 그만 물러가라."

자네는 노인을 그냥 보내서는 안 된다고 생각했을 것이야. 자네의 소망은 자신의 수명을 더하는 것이지 내 수명을 줄이는 게 아니었을 테니까. 하지만 자네의 몸은 자네의 생각을 따르지 않았을 게야. 머릿속으로는 안 된다고 생각하면서도 멀찌감치 사라져 가는 노인을 멀뚱멀뚱 바라보기만 했을 테지.

괜찮네.

수명을 늘릴 방법을 알려 달라는 자네의 끈질긴 부탁을 더 이상 외면하지 못하고 받아들였을 때부터 각오한 일이었네. 내 수명을 덜어 자네에게 주겠다는 노인의 말을 차마 거절하지 못하리라는 것도 다 알고 있었다네. 세상의 그 누가 그 말을 거절할 수 있겠는가? 그러니 행여 내게 미안해하지는 말게. 내게 빚을 졌다 생각하지도 말게. 내 바람은 오직 하나일세. 아무 일도 없었다는 듯, 노인 따위는 그림자도 본 적 없다는 듯 내 집을 드나들고 내 방을 찾아 주게. 그게 바로 내 친구인 자네가 지켜야 할 유일한 도리일세.

갑작스러운 내용이라 이해하기 어렵지요? 비장하게 느껴지라고 잔뜩 멋 부렸지만 실은 간단한 이야기입니다. 기인으로 유명했던 정렴의 친구 중 한 명이 심심풀이 삼아 점쟁이를 불렀다가 자신이 오래 살지 못할 운명이라는 걸 알게 되었습니다. 방법이 하나 있기는 했지요. 운명을 바꾸는 것 말입니다. 그러려면 다른 사람의 수명을 빼앗아야 합니다. 다른 것도 아닌 수명입니다. 피를 팔아 목숨을 부지하는 사람은 있어도 수명을 팔아 먹고사는 이는 없습니다. 그만큼 누구에게든 소중하다는 뜻이지요. 그렇다면 정렴의 친구는 어떻게 해야 할까요? 피도 아닌 수명을, 그 어디에서도 구할 수 없는 수명을 도대체 어떻게 구해야 할까요? 그 친구를 도와준 이가 바로 정렴입니다. 그는 친구에게 자신의 수명을 덜어 주었습니다.(현실적으로 가능한 일이냐고 묻지 마십시오. 다만 정렴은 이지함, 김시습과 함께 조선 3대 기인으로 꼽히는 인물이라 이런 일화가 꽤 많이 남아 있다는 것만 기억하십시오.) 그러고도 정렴은 전혀 생색을 내지 않았습니다. 참으로 멋진 우정이지요. 내가 책갈피에 꽂아 두었던 정렴의 이야기에서 '우정 지속의 법칙'에 어울리는 새로운 법칙이 도출됩니다. 바로 '소중한 것을 아낌없이 내주자'입니다.

*

혹시나 새겨들을 말이 있나 하고 목 빼고 읽던 독자들이 이 부분에서 고개를 갸우뚱하는 게 보이는 듯합니다. 이해합니다. 아무리 친한 친구라도 수명을 주기는 어렵겠지요. 설령 주려 해도 방법이 없고요. 그렇지만 마음을 조금 가라앉히고 이야기의 의도만을 살펴봐 주십시오. '소중한 것을 아낌없이 내주자'라는 법칙 자체는 어떻습니까? '우정 지속의 법칙'에 어울리는 꽤 멋진 법칙 아닌가요? 정렴의 사례가 과했다면 이제는 조금 더 현실적인 사례를 들어 보겠습니다. 이번에 내주는 것은 수명보다는 훨씬 만만한, 안경입니다.

청년 시절부터 중국행을 꿈꾸었던 홍대용──앞서 등장했던 박지원의 그 친구이지요──은 서른다섯이 되어서야 비로소 중국 땅을 밟았습니다. 북경(베이징)에 도착한 그는 성당을 방문함으로써 오랫동안 품고 있었던 두 가지 소원 중 하나를 이루었습니다. 다른 한 가지 소원은 중국 선비들을 친구로 사귀는 것이었지요. 그러나 언어도 풍속도 다른 이국 선비들을 사귀기란 여러모로 능력이 뛰어난 홍대용에게도 결코 쉽지 않은 일이었습니다. 홍대용은 북경 거리 곳곳을 다니며 기회를 노렸지만 뜻을 이루지 못했지요. 홍대용의 속이 잔뜩 달아 있던 그즈음 하급 무관 이기성이 언뜻 보기에도 희귀한 안경을 가지고 숙소에 들어섰습니다. 호기심 많은 홍대용이 그 안경을 보고 그냥 넘어갈 리가 없습니다.

"어디서 얻은 것이오? 꽤 값나가는 물건으로 보이는구려."

"중국에 오면 안경을 하나 구해야겠다고 진작부터 마음을 먹었습니다. 시장을 두루 다녔지만 뜻밖에도 마음에 드는 안경을 구하지 못했지요. 아쉬운 마음을 안고 고서점 등이 모여 있는 유리창 거리에 갔는데 안경을 쓴 두 선비가 지나가더군요. 그래서 저는 그대들은 중국에 있어 새로 구하기가 쉬울 것이니 그 안경을 내게 파는 것이 어떻겠느냐고 무작정 물었습니다."

사실 이기성은 별반 기대하지는 않았다고 합니다. 하지만 이기성의 말을 들은 선비 중 한 명이 곧바로 안경을 내주었습니다.(두 선비 중 누가 그랬는지는 알 수 없습니다.) 조금도 지체하지 않고 쓰고 있던 안경을 벗어 내준 것입니다. 그 당시 안경은 비싼 물건이었지요. 뜻밖의 상황에 깜짝 놀란 이기성은 은으로 사례하겠다고 했습니다. 선비들의 안색이 변했습니다.

"안경이 필요한 사람에게 주는 것인데 우리가 어찌 값을 요구하겠습니까?"

결국 이기성은 사례를 치르려던 생각을 포기했습니다. 그 대신 선비들이 머무는 곳을 물어 다시 찾겠다는 약속만 하고 돌아온 것이지요.

그 순간 홍대용의 마음속에서 무언가가 '꿈틀'했습니다. 홍대용은 선비들에 대해 더 물었습니다.

"절강성 출신인데 과거를 보러 올라왔다더군요."

홍대용은 고개를 끄덕였습니다. 자신이 쓰고 있던 안경을 아무 대가 없이 내주는 행동, 거기에 더해 수천 리 먼 곳에서 과거를 보기 위해 북경까지 온 것, 이 두 가지는 두 선비의 마음 씀씀이며 학문이 보통은 넘는다는 뜻이었지요.

며칠이 지난 후 홍대용은 두 선비가 머무는 숙소를 찾았습니다. 홍대용은 비로소 두 선비의 이름을 알게 되었지요. 그들은 엄성과 반정균이었습니다. 손님을 맞는 예의, 짧은 문답으로 확인한 학식만으로도 이미 만족스러웠지만 이어진 반정균의 말은 홍대용의 가슴을 완전히 흔들어 놓았습니다.

"김상헌을 아십니까?"

노론 집안의 자제인 홍대용이 김상헌을 모를 리 없지요. 더군다나 홍대용의 스승인 김원행은 김상헌의 후손입니다.

"어떻게 그분을 아십니까?"

엄성은 책 한 권을 가져왔습니다. 청나라를 대표하는 문인인 왕사정이 엮은 『감구집』이라는 책이었지요. 그 책의 말미에는 김상헌이 사신으로 중국을 방문했을 때 썼던 시가 실려 있었습니다. 오랜 시간 정겨운 필담을 나누고 아쉬운 표정으로 일어서는 홍대용에게 엄성은 『감구집』을 건넸습니다.

"이 책을 아예 가져가시는 게 어떠신지요?"

홍대용은 귀한 물건이라 그냥 받기 힘들다고 거절했지만 엄성을 이길 수는 없었지요. 결국 홍대용은 『감구집』과 필담을 나눈 종이를 가지고 숙소로 돌아왔습니다. 그렇게 셋은 친구가 되었습니다. 홍대용은 조선으로 돌아오기 전까지 그들을 일곱 번이나 만났지요. 조선으로 돌아온 후에도 홍대용은 편지를 보내 그들과의 인연을 이어 갔습니다. 그렇게 시작된 인연은 멀리 떨어진 사람들끼리의 우정이라 '천애지기'로 불리며 조선 후기를 통틀어 가장 유명한 우정으로 발전하게 됩니다.

긴 우정을 시작하게 만들어 준 것은 바로 만만한 안경입니다. 아니지요. 다시 쓰겠습니다. 안경이 만만하다 했지만 꼭 그렇지만은 않습니다. 시력이 나쁜 사람에게 안경은 비싸고 싸고를 떠나서 무척이나 소중한 물건입니다. 예상치 못한 상황에서 갑자기 안경다리가 부러지거나 안경알이 빠지면 참 난감하니까요. 그런 만큼 자신의 안경이란 다들 애지중지하기 마련입니다. 중국 선비들도 분명 그랬겠지요. 더군다나 그 당시 안경의 가치는 지금과 비교할 수 없을 정도였습니다. 그런데도 중국 선비들은 대가를 받지도 않고 흔쾌히 안경을 내주었습니다. 그 이야기를 듣는 순간 홍대용은 깨달았겠지요. 자신이 그냥 친구가 아닌 '진짜' 친구들을 발견했다는 사실을 말입니다. 홍대용은 중국 선비들을 찾아갔고 국경을 넘어선 아름다운 우정이 탄생했습니다. 그 우정의 이면에 '소중한 것을 아낌없이 내주자'라는 '우정 지속의 법칙'이 있습니다.

다른 사례를 더 들어 볼까요? 안경의 사연도 어쩐지 고상해 보인다고 생각하는 독자들이 좋아할 만한 재미있는 사례입니다. 이번 주인공은 박제가의 친구 유득공입니다.

정조 시절 규장각을 빛낸 네 사람의 검서관 중 한 명으로 후대에 이름을 남긴 유득공은 평생을 가난하게 살았습니다. 그러나 가난한 이에게도 소유욕은 있기 마련이지요. 유득공에게는 벼루가 바로 그 대상이었습니다. 벼루의 역사를 다룬 책을 썼을 정도로 벼루 애호가였던 유득공은 친구인 이정구의 집을 방문했다가 두 눈이 휘둥그레지는 멋진 벼루를 발견했습니다. 이정구는 뿌듯한 마음을 숨기지 못하고 붉은빛을 띤 그 멋진 벼루가 일본의 적간관(시모노세키)에서 만든 것이라고 알려 주었습니다. 통신사로 다녀온 이에게 부탁해 얻었다는 말은 유득공의 귀에 들어오지도 않았겠지요. 유득공은 벼루를 이리저리 만져 보고 뒤집어 보며 감탄사를 내뱉기에 바빴으니까요. 오랜 감탄사의 향연 끝에 마침내 나온 유득공의 한마디!

"벼루를 내게 주게."

이정구는 웃었습니다. 그러고는 고개를 저었습니다. 다시금 유득공의 한마디!

"벼루를 내게 주게."

이정구의 얼굴에서 웃음이 사라졌습니다. 유득공의 말은 농담이 아니었던 것이지요. 경계해야겠다고 속으로 다짐하던 그 순간, 유득공은 벼루를 집어 들고 자리에서 벌떡 일어났습니다. 이정구가 뭐라 말할 사이도 없이 유득공은 재빨리 문을 열고 밖으로 사라져 버렸습니다.

며칠 후 유득공이 다시 이정구를 찾아왔습니다. 그런데 유득공이 내민 것은 벼루가 아니라 시 한 편이었지요. 이정구는 일단 그 시부터 읽어 보았습니다.

나는 벼루를 갖고 싶은데
친구는 곤란하다는 표정뿐
미불은 옷소매에 벼루를 숨겨서 훔쳤고
소동파는 벼루에 침을 뱉어 자기 것으로 만들었다
옛사람도 그랬는데 나라고 못 할 이유가 있나?
재빨리 낚아채 달아나는 걸음은 기분이 좋아 저절로 우쭐우쭐
이 벼루가 귀한 건 색이 붉은 까닭일까?
적간관, 그 이름이 하나도 이상하지 않다

벼루 대신 시를 내민 유득공에게 이정구는 어떤 반응을 보였을

까요? 시는 시이고 벼루는 벼루이니 그냥 줄 수는 없다고 했을까요, 아니면 시 한 수와 벼루를 바꾸자는 억지에 가까운 친구의 요구를 받아들였을까요? 결론만 말하겠습니다. 이정구는 벼루와 시를 바꾸었습니다.

여기에서 의문이 하나 생깁니다. 이 이야기가 과연 '소중한 것을 아낌없이 내주자'라는 법칙에 부합할까요? 유득공은 벼루를 '훔쳤고', 이정구는 '마지못해' 벼루를 넘겨주었습니다. 훔친 일에 대한 사후 승인이니 자발적으로 준다는 뜻을 내포한 법칙과는 어딘지 어긋나는 느낌이지요.

나는 이 어긋남이 오히려 '우정 지속의 법칙'에 부합한다고 생각합니다. 수명이나 안경을 넘겨준 사례는 대단하고 멋지지요. 그러나 그 대단함과 멋짐은 어쩐지 다른 세상의 이야기 같습니다. 무슨 말이냐면 소중한 무언가를 넘겨주는 일에 대한 고민이 안 느껴진다는 뜻입니다. 그런 까닭에 정렴이나 중국 선비들은 평범한 우리와는 거리가 먼 성인군자들처럼만 보입니다.

반면에 이정구는 어떻습니까? 분명 이정구는 소중한 것을 스스로 내주지 않았습니다. 벼루를 탐내는 친구의 마음을 확실하게 읽었지만, 그럼에도 어렵게 구한 벼루를 포기할 생각은 털끝만큼도 없었지요. 하지만 이정구의 진가는 유득공의 시를 읽은 뒤에 보여 준 행동에서 드러납니다. 유득공의 시를 읽으면서 이정구는 깨닫습니다. '아, 저 친구는 정말로 벼루를 갖고 싶어 하는구나.'

그 깨달음이 귀중한 벼루를 포기하게 만들었습니다. 벼루를 돌려 달라고 말할 권리가 있음에도 불구하고 결국은 친구에게 주었지요. 나는 이정구의 그 마음을 사랑합니다. 꽉 쥔 채 놓고 싶지 않은 물건을 한숨 한 번 내쉬고 친구에게 주는 마음, 그 소심하고도 큰 결단을 사랑합니다. '소중한 것을 아낌없이 내줄 때'의 마음은 사실 그러할 테지요. 선심 쓰듯 시원하게 주면 좋겠지만 대개는 고민에 고민을 더한 끝에 어렵사리 내줄 것입니다. 나는 그 망설이는 마음이야말로 '소중한 것을 아낌없이 내주자'라는 법칙에 진정으로 부합한다고 생각합니다. 아쉬움 없이 넘겨준다는 것은 어떤 의미에서는 그렇게까지 소중하지 않은 물건이라는 뜻이기도 하니까요. 더 쥐고 싶고, 더 갖고 싶은 것을 이리저리 만지작거리다 마침내 한숨 쉬며 내주는 순간에야말로 친구에 대한 따뜻한 마음이 온전하게 드러납니다.

*

한 가지 고백할 게 있습니다. 나는 왜 하필 정렴의 사례로 글을 시작했을까요? 왜 하필 비현실적인 사례부터 들어 이야기를 풀어 갔을까요? 바로 정렴의 그 사례를 나와는 관계없는 것으로 치부해 버릴 수 없었기 때문입니다. 나는 친구에 대한 소설을 여러 편 썼다고 했습니다. 앞서 정렴의 시점에서 쓴 글 또한 같은 맥락입니다. 그러니까 나는 정렴의 이야기를 쓰면서 친구를 떠올렸던 것입니다. 친구의 길지 않았던 수명을 생각했던 것입니다. 그 길지 않았던 수명을 생각하면서 끝내 떨쳐 버리지 못했던 질문 하나를 머리에 담고 있었습니다. '친구는 예정된 수명을 다 살았던 걸까?'

부질없는 질문일지도 모르지요. 쓸데없는 미련일지도 모르지요. 그럼에도 나는 좀처럼 그 질문을 머릿속에서 떨쳐 내지 못했습니다. 어떠한 답도 얻지 못할 것을 분명히 알면서도 좀처럼 질문을 지워 버리지 못했습니다. 그래서 정렴이라는 이름을 빌려 다시 한 번 친구의 죽음을 떠올려 봤던 것입니다.

아직 남은 이야기가 있습니다. 안경으로 시작된 홍대용의 우정이 그 후에 어떻게 되었는지 말하려고 합니다. 일종의 후일담인 셈인데 여기에 죽음이 등장합니다. 조선에 돌아온 후 홍대용은 엄성이 과거에 떨어졌다는 소식을 듣습니다. 그런 소식을 듣고 가만히 있을 수는 없는 법이지요. 홍대용은 곧바로 편지를 썼습니다.

친구인 제가 기대하고 바라는 바는 과거와 벼슬 밖에 있습니다. 그러니 위로가 아닌 축하를 드려야겠습니다.

홍대용다운 답장이지요. 과거에 떨어진 이에게 과거 따위는 하나도 중요하지 않으니 오히려 축하한다는 편지를 보낸 것입니다.

엄성은 뭐라 답했을까요? 오랜 시간이 지난 후에야 엄성의 답장이 도착했습니다. 엄성은 홍대용의 이상한 축하를 기꺼이 받겠노라고 썼습니다. 그런데 도착한 편지는 한 통이 아니었습니다. 반정균이 보낸 편지도 함께였지요. 그 편지에는, 엄성이 죽었다는 소식이 적혀 있었습니다. 그러니까 엄성의 답장은 엄성이 직접 부친 게 아니라 반정균이 엄성의 부고와 함께 부친 것입니다. 친구의 편지와 함께 온 부고라니, 홍대용의 기분이 어떠했을까요?

홍대용은 엄성의 아들 엄앙에게 위로 편지와 위로품을 보냈습니다. 엄성에게 보내기로 약속했던 책들도 함께 보냈지요. 홍대용이 보낸 것들을 받은 엄앙은 깜짝 놀랐습니다. 그것들이 도착한 그날은 바로 엄성이 죽은 지 이 년째 되던 날이었습니다.

엄앙의 답장과 엄성이 남긴 유고집은 구 년 뒤에야 홍대용에게 도착했습니다. 홍대용은 편지를 읽으며 가슴이 먹먹해졌습니다. 편지에 따르면 엄성은 죽음을 앞둔 순간 홍대용에게서 받은 먹을 찾았다고 합니다. 그 먹의 향기를 맡은 후 가슴에 얹고 숨을 거두었다 합니다. 엄앙은 그 먹을 아버지의 관에 함께 넣었다고 적었습니다. 홍대용은 한참 동안 하늘을 바라보다 유고집을 펼쳤습니다. 그 순간 홍대용은 더는 눈물을 참을 수가 없었습니다. 유고집 안에는 홍대용이 있었습니다. 엄성이 직접 그린 홍대용의 초상이 홍대용을 보고 있었습니다. 엄성은 홍대용의 초상을 그리며 그리움을 달랬던 것이지요.

친구는 나에게 편지 한 통 남기지 않았습니다. 믿기 어렵게도 우리는 사진 한 장 같이 찍지 않았습니다. 조선 시대를 살았던 홍대용과 엄성, 먼 거리에도 불구하고 초상화와 먹을 주고받았던 그 둘보다 못한 것입니다. 변명거리는 있습니다. 늘 붙어 있었으니 편지와 사진은 필요 없었습니다. 그렇더라도 후회가 사라지지는 않습니다. 내게 친구를 추억할 물건은 오직 하나뿐입니다. 친구가 주었던 『사람의 아들』, 그 책밖에 없습니다. 나는 그 책마저 찾지 못하고 있습니다. 그러니 내게는 그저 뒤늦게 친구를 생각하며 쓴 소설 몇 편만이 있을 뿐이지요. 생각해 보면 나는 친구에게 소중한 것을 하나도 내주지 않았습니다. 말로만 친했지 실제로는 무엇 하나 기꺼이 준 게 없습니다. 어떻게 그럴 수 있었느냐고 물어도 할 말이 없습니다. 나는 그렇게 살았습니다. '우정 지속의 법칙'을 쓰면서 새삼 깨달은 이 사실이 더욱 내 가슴을 아프게 합니다.

*

조카 녀석을 위해 주문한 책이 도착했습니다. 녀석의 방에 들어가 책상 위에 놓아두었습니다. 글 쓰는 게 직업이라 습관처럼 책장을 살펴보다 아뿔싸 싶었습니다. 책장 한가운데쯤에 『호밀밭의 파수꾼』이 있었거든요. 책을 뽑아서 열어 보았습니다. 접힌 곳도 있고 밑줄도 있습니다. 아차 싶은 마음에 흐음, 하고 한숨을 쉬고는 다시 꽂아 놓았습니다. 밖으로 나오려는데 문 옆 책장에 꽂혀 있는 또 다른 책들이 눈에 띄었습니다. 내가 쓴 책들입니다. 지금까지 낸 아홉 권의 책이 차례대로 꽂혀 있었습니다. 나는 괜히 책장을 한 번 어루만지고는 밖으로 나왔습니다. 부엌에서 정수기 물 한 잔을 단숨에 들이켰습니다. 물맛이 썼습니다.

약 속 을 꼭 지 키 자

최치원이라는 이름을 어디선가 한 번쯤은 들어 보았으리라 짐작합니다. 신라 귀족 사회의 주류였던 성골, 진골이 아닌 육두품 출신 최치원은 열두 살 어린 나이에 당나라로 유학을 갔습니다. 그런데 아들을 떠나보내면서 하는 아버지의 말이 무척이나 의미심장합니다.

"십 년 안에 과거에 합격하지 못하면 부자의 인연을 끊겠다!"

열심히 공부하라고 격려하는 뜻에서 한 말인지, 진심에서 나온 말인지는 알 도리가 없지요. 아무튼 아버지의 격려 혹은 협박은 꽤 놀라운 효과를 발휘합니다. 당나라에 머문 지 육 년 만에 최치원이 과거 급제의 영광을 안게 되었거든요. 이후 최치원은 십칠 년 동안 당나라에서 관리로 일하다 귀국합니다. 그 뒤가 흥미롭습니다. 신라는 최치원을 어떻게 대했을까요? 동시대 최고 최대의 제국이었던 당나라에서 과거에 급제한 인재입니다. 그 당시 신라에 당나라 유학파가 없던 것은 아니었지만 당나라의 정식 과거에 급제하고 돌아온 이는 최치원이 처음이었습니다. 국가의 장래를 생각한다면 환대해야 마땅하지요. 하지만 신라의 반응은 뜨뜻미지근한 걸 넘어 아예 냉랭했습니다.(그러니 결국 나라가 망했겠지요.) 결국 최치원은 별 볼 일 없는 지방 관직을 전전하다가 말년에는 해인사에 숨어 지냈습니다.

최치원에 대해 좀 길게 언급한 것은 그가 쓴 시를 한 편 소개하기 위해서입니다. 당시 최치원의 마음 상태가 어떠했을지를 안다면 그 시를 더 잘 이해할 수 있으니까요.

봄날입니다. 온 산에 꽃이 핀 아름다운 시절이었지요. 최치원은 아름다운 봄날을 홀로 보내고 싶지 않았습니다. 누구를 부를까 잠시 고민하다 친구 하나를 떠올렸습니다. 얼마 전 갑자기 약속을 취소했던 친구입니다. 그 친구는 약간의 변명 후 꽃이 피면 다시 보자고 했습니다. 최치원은 그 약속에 의지해서 친구에게 사람을 보냈습니다. 꽃을 보며 친구를 기다렸습니다. 얼마 후 친구에게 보냈던 사람이 돌아왔습니다. 친구와 함께가 아니라 홀로 돌아왔습니다. 그 친구는 최치원과의 약속을 또 어겼습니다! 최치원이 잠시 고민했던 까닭이 드러납니다. 또다시 이러한 결과가 발생할까 봐 두려웠던 것입니다. 최치원은 꽃을 보며 나직이 한숨을 내쉬었습니다. 바람에 흔들리는 꽃을 보며 친구의 마음을 이해하려 노력했지요. 한 꽃에서 다른 꽃으로 쉽게 옮겨 다니는 나비를 보며 그럴 수도 있겠다 받아들이려 했지요. 하지만 그 어떤 노력도 끓는 속을 식히지는 못했습니다. 당나라에서 늘 혼자였는데 고국에 돌아와서도 그러한 처지는 전혀 바뀌지 않았습니다. 아니, 오히려 사정은 더 나빠졌지요. 그때는 일방적으로 외면당했지만 이제는 가까운 척 다가오다 결정적인 시기에 외면하는 사람들에게 둘러싸인 셈이니까요. 답답하지만 그렇다고 화를 낼 수도 없습니다. 그 친구는, 그저 다른 사람들처럼 행동한 것뿐이니까요. 최치원보다 실속 있는 대상에 헌신하기로 한 것뿐이니까요. 세상의 흐름에 맞추어 자연스럽게 거절한 것입니다. 다음 시는 그러한 상황에서 탄생했습니다.

중국에서 고생했던 일이 늘 머리에 떠오르는데
내 어찌 고향의 봄을 헛되이 보내겠는가
산에 가자는 오늘의 약속, 친구는 또 저버렸다
아, 내 어쩌다 이런 친구를 알게 된 걸까?

　최치원은 우정을 소중하게 여기는 사람이었습니다. 당나라에 머물던 시절에 쓴 시 한 편을 더 인용합니다.

> 서로 만나 봄날의 산을 잠깐 누렸다
> 다시 헤어지려니 수건에 눈물이 가득 찬다
> 바람결의 창망한 표정을 괴상하게 여기지 말기를
> 이역에서 고향 사람 만나기가 어려워 그러는 것이니

　이역에서 우연히 고향 사람을 만나 잠깐 놀다 헤어질 때도 눈물을 보였던 최치원입니다. 고국에서 또다시 그런 일을 겪으리라고는 차마 상상도 하지 못했겠지요. 하지만 고국의 우정은 봄인데도 냉랭했습니다. 그 냉랭함을 이겨 내고 다가온 사람이 있긴 했지요. 고마워서 마음을 열었습니다. 친구로 삼았습니다. 하지만 다가와서 손을 내밀었던 친구는 어느 순간 약속을 어기고 또 어겼습니다. 어쩌면 친구는 최치원과의 약속을 처음부터 그리 중요하게 여기지 않았는지도 모릅니다. 약속의 파기가 최치원의 마음에 미칠 영향에 대해서 단 한 번도 심각하게 생각하지 않았던 것 같습니다. 그러지 않고서야 첫 번째 약속을 어기고도 또다시 거리낌 없이 약속을 깨는 연타석 무례를 범하지는 않겠지요. 최치원의 시를 읽을 때마다 나는 새삼 약속의 중요성을 깨닫습니다. 최치원은 친구에게 대단한 무언가를 바라지 않았습니다. 약속을 지키는 평범하고 정상적인 관계만을 바랐지요. 하지만 친구는 그 '평범과 정상'마저 저버렸습니다. 친구에게 있어 최치원의 가치는 딱 그 정도였던 것이지요. 최치원의 마음이 얼마나 아팠을까요? 잠깐 만난 사람과 헤어지면서도 수건 가득 눈물을 쏟았던 최치원의 마음이 얼마나 고통스러웠을까요?

최치원에 대해 많이 알고 있는 척했지만 사실 나는 그에 대해 잘 모릅니다. 최치원의 문집을 사다 놓고도 처음 몇 장만 읽다 말았을 정도지요. 나는 이 시를 통해 복잡다단했을 최치원의 마음을 극히 일부만 읽을 뿐입니다. 그 마음 중 단 한 조각을 읽으며 '약속을 꼭 지키자'라는 당연하면서도 자주 무시되는 법칙 하나만을 새삼 꺼내 놓습니다.

*

또 다른 약속 파기의 현장이 있습니다. 영화 「파인딩 포레스터」의 시간적 배경은 현대이고, 공간적 배경은 뉴욕입니다. 자말은 열여섯 살 소년입니다. 브롱크스에 거주하는 가난한 흑인이며 그곳의 많은 흑인들이 그러하듯 농구에 뛰어난 재능을 보이는 소년이지요.(편견으로 가득한 문장이지만 이렇게 쓰는 데에는 이유가 있습니다.) 하지만 자말에게는 '브롱크스의 흔한 흑인'과 다른 점이 하나 있습니다. 끊임없이 무언가를 읽고 쓴다는 것입니다.

그런 자말에게 큰일이 생깁니다. 어느 집에 무단으로 침입한 겁니다. 그 집에는 은둔자가 살고 있었지요. 그 사람이 누구인지는 아무도 모릅니다. 일이 벌어진 사연은 이렇습니다. 은둔자의 집이 보이는 공터에서 농구를 하던 소년들이 더 이상 궁금증을 참지 못하자 자말이 그 집에 들어가 보겠다고 합니다.(친구들의 부추김도 있었지만 자말의 의지가 없었다면 불가능한 결정이었지요.) 은둔자의 비밀을 밝혀 보겠다고 말입니다. 그렇게 해서 들어간 집에는 오래된 책들이 가득합니다. 당연히 그 책들은 '무엇이든 읽고 쓰는' 자말의 시선을 끌었지요. 책들을 보려는 순간 은둔자가 나타나고 깜짝 놀란 자말은 제 가방을 둔 채로 도망칩니다.

그 가방이 인연의 시작입니다. 다음 날 은둔자는 자말의 가방을 창문가에 걸어 두었다가 밖으로 내던집니다. 가방 안을 확인하던 자말은 깜짝 놀라지요. 그때그때 떠오르는 생각을 적은 자신의 창작 노트가 X와 O, 그리고 수많은 비평 ─ '꽉 막힌 생각', '제법 멋짐' 등등 ─ 으로 가득 차 있었거든요. 자말은 깨닫습니다.

'문학을 공부했던 사람이 분명해!'

자말은 어떻게 했을까요? 앞서 마커스가 그랬듯 '불쑥' 찾아가 문을 두드리고 또 두드렸습니다. 은둔자가 제일 싫어하는 방법이지요. 결국 은둔자는 조건을 걸고 자말을 받아들입니다. "비밀을 간직할 것, 이 집에서 일어난 일은 누구에게도 말하지 말 것!"

자말은 고개를 끄덕이고, 그것으로 둘은 '친구'가 됩니다.(형식상으로는 사제 관계이지만 실질적으로는 친구 사이입니다!)

그즈음 자말은 명문 사립 고등학교로 전학을 갑니다. 뛰어난 글 솜씨와 농구 실력이 복합적으로 작용했지요. 그러나 학교에서 기대하는 것은 아무래도 후자, 즉 뛰어난 농구 실력 쪽입니다. 그들에게 자말은 농구 실력이 뛰어난데 글도 잘 쓰는 소년이었지, 글을 잘 쓰는데 농구 실력도 뛰어난 소년은 아니었던 것입니다. 작문 선생인 크로포드는 그중에서도 유독 편견이 심한 사람이지요. 크로포드는 자말의 뛰어난 글솜씨를 그저 우연에 우연이 겹친 결과로만 생각합니다. 크로포드는 길거리에서 농구를 하며 시간을 죽이는 흑인 소년이 상류층 백인의 영역인 글쓰기까지 잘한다는 사실을 절대로 받아들일 수 없거든요. 그래서 언젠가는 자말에게 붙어 있는 쓸데없는 수식, 즉 '글도 잘 쓰는'이라는 우연에 의한 수식을 떼어 내겠다고 단단히 마음을 먹습니다.

명문 사립 고등학교로의 전학은 자말의 생활을 완전히 바꾸어 놓습니다. 미래가 뻔했던 자말은 전도유망한 소년이 되었지요. 하지만 자말이 얻은 가장 큰 소득은 '은둔자'의 정체를 알게 되었다는 사실임을 먼저 밝히겠습니다. 은둔자의 이름은 '윌리엄 포레스터'입니다. 몇십 년 전 단 한 권의 책으로 '올해의 작가상'을 수상하고 홀연히 세상에서 사라져 버렸던 신비한 작가 윌리엄 포레스터가 바로 은둔자의 정체였지요.(이 대목에서『호밀밭의 파수꾼』의 저자이자 완벽한 은둔자였던 J. D. 샐린저를 떠올리게 됩니다.) 은둔자, 아니 저명한 작가 포레스터가 자말에게 '비밀을 간직할 것'이라는 특이한 약속을 강요한 이유가 비로소 드러납니다.

포레스터는 자말에게 글쓰기를 가르칩니다. 방법은 특이합니다. 타자기 앞에 앉아 그냥 두드리라는 겁니다. 생각도 하지 말고 그냥 두드리라는 겁니다. 그러나 이 방법은 자말에게 별 효과가 없습니다.(천재 중의 천재에게나 효과가 있을 방법이니까요.) 포레스터는 자신이 썼던 「신념이 성숙하는 계절」이라는 글을 건네줍니다. 그 글을 따라서 시작하되, 무언가가 떠오르면 그때부터는 자신의 글을 쓰라는 것이지요. 다행히 효과가 있었습니다. 자말은 몇 줄을 치자마자 이내 자신만의 생각을 떠올리게 되고, 그것을 바탕으로 한 편의 글을 완성합니다. 자말이 그 원고를 가방에 넣으려 하는데 포레스터는 이렇게 말하며 막았습니다.

"이 아파트에서 쓴 것은 절대 밖으로 가져가서는 안 된다."

이 말을 기억해 두어야 합니다. 포레스터와의 비밀스러운 우정을 유지하기 위해 자말이 꼭 지켜야 하는 두 번째 약속이니까요.

자말이 매일 글을 쓰며 나날이 성장하는 동안에도 자말을 보는 크로포드의 시각은 절대 불변입니다. 편견은 사람을 힘들게 합니다. 자말은 크로포드에게 자신의 능력을 보여 줄 방법을 찾다가 결국 포레스터와의 약속을 어기고 맙니다. 학교에서 열린 작문 대회에 포레스터의 아파트에서 쓴 글, 그러니까 「신념이 성숙하는 계절」을 바탕으로 완성한 글을 제출한 것이지요. 하지만 크로포드가 누구입니까? 집요하고 편견 가득한 작문 선생 아니겠습니까?

크로포드는 자말이 제출한 글에서 포레스터의 흔적을 발견합니다.(포레스터를 지나칠 정도로 잘 알고 있는 걸 보면 그에 대한 열등감이 크로포드의 삶을 몹시도 괴롭혔겠구나 추측할 수 있지요.) 이제 자말의 앞날은 불투명합니다. 표절 혐의를 받았으니 어쩌면 더 이상 학교를 다닐 수 없을지도 모르지요. 포레스터와의 우정 또한 산산조각이 날지도 모르고요. 이 모든 것은 바로 '우정 지속의 법칙' 중 '약속을 꼭 지키자'라는 그리 어려워 보이지도 않는 법칙을 어긴 데서 비롯되었습니다.

*

자말의 이야기는 잠시 덮어 두고 약속이 깨진 또 다른 현장으로 옮겨 가 보려 합니다. 내가 중학교 1학년이었을 때의 일입니다. 중간고사가 끝난 다음 날 선생님은 우리 앞에 흥미로운 제안 하나를 던졌습니다.

"다음 주 월요일에 시험 결과가 나온다. 그 성적에 따라 자리를 고르도록 할 거다. 1등부터 순서대로 자기가 원하는 자리에 앉을 거란 말이다. 알아들었나?"

요즈음 같은 세상에 이런 식의 자리 배치를 했다간 학부모의 빗발치는 원성을 견디기 힘들겠지요. 그러나 그 시절에는 그랬습니다. 강우석 감독은 "행복은 성적순이 아니잖아요."라고 제법 큰 소리로 선언했지만, 교육감도 아닌 영화감독의 의견 따위에 신경 쓸리 없었던 그 시절 선생님들은 대놓고 공부 잘하는 학생들만 편애했습니다. 등수가 두 자릿수인 학생들의 미래는 선생님의 관심사가 아니었다는 말입니다.(물론 지금이 아닌 예전 이야기입니다!) 아무튼 자기가 원하는 자리에 앉을 수 있다는 새로운 자리 배치 방식은 그 취지가 어떻든 간에 우리들의 마음을 뒤흔들어 놓았습니다. 선생님은 말하지 않았지만 사실 그 방식은 원하는 짝과 앉을 수 있다는 부가적인 내용을 포함하고 있었으니까요.(남자들끼리긴 하지만요.) 쉬는 시간이 되자 즉각 '짝짓기'에 대한 모의가 이루어졌습니다. 나는 친구에게 다가갔습니다. 그때까지는 키 순서대로 자리에 앉았고, 또래보다 키가 컸던 친구는 맨 뒤에 앉아 있었지요.

"너, 나랑 같이 앉을 거지?"

친구는 뭐 그런 당연한 걸 묻느냐는 투로 조금은 심드렁하게 "당연하지." 하고 답했습니다. 나는 고개를 끄덕이고는 내 자리로 돌아왔습니다. 주말이 되었습니다. 친구와 나는 주말 내내 다른 아이들과 함께 농구를 했습니다. 그런데 농구를 하다가 사소한 다툼이 벌어졌습니다. K의 슛 동작이 문제였지요. 친구는 K가 공을 잡고 세 발 이상 뛰었으니 워킹 반칙이라고 했습니다. 나는 두 발을 뛰고 슛했으니 반칙이 아니라고 했습니다. K는 아무 말도 하지 않았는데 도리어 친구와 내가 열을 올렸지요. 결론이 어떻게 났는지는 기억나지 않습니다. 다툼 또한 그리 심한 것은 아니었습니다. 그 정도의 다툼은 늘 있었으니까요. 우리는 저물녘까지 농구를 하고 헤어졌습니다.

월요일이 되었습니다. 수업이 끝난 후 선생님은 성적표를 나눠 주었고, 일정 등수 이하의 아이들에게 강력한 회초리질을 선물한 후에 모두를 복도에 세웠습니다. 내가 제일 먼저 교실로 들어가 자리를 잡았습니다.(자랑하는 게 아닙니다.) 앞에서 세 번째 자리였습니다. 한두 명이 더 자리를 잡은 후 마침내 친구가 들어와 내 곁에 섰습니다. 내 옆자리에 앉으려는 친구를 손으로 살짝 막으며 속삭였습니다. "저기, K랑 앉기로 했어."

그때 친구가 지었던 표정을 나는 아직도 잊지 못합니다. 친구는 아무 말도 못 하고 그저 입만 크게 벌렸습니다. 좌우로 흔들리던 그 눈빛에 잠시 내 마음도 동요했습니다. 기분 같아서는 그냥 앉으라고 말하고 싶었습니다. 하지만 나는 그렇게 하지 않았습니다. K와 약속했기 때문입니다. 도무지 말이 되지 않는 이야기이지만 그때의 나는 실제로 그렇게 생각했습니다. 친구와의 선약은 생각도 않고 추후에 이루어진, 그것도 월요일 아침에 급작스럽게 이루어진 K와의 약속만을 생각했습니다.

월요일 아침, K는 내게 다가오더니 나와 같이 앉고 싶다고 했습니다. 그 말을 하면서 지어 보이는 쑥스러운 웃음이 마음에 들었습니다. 그 웃음에 상처를 주고 싶지 않았습니다. 그래서 나는 고개를 끄덕였습니다.

친구가 자리를 정하지 못하자 곧바로 선생님의 다그침이 이어졌습니다.

"시간은 금이란 말도 모르나? 빨리 자리에 앉아."

친구는 전과 같은 맨 뒷자리를 택했습니다. 몇몇 아이가 자리에 앉은 후 K가 들어와 내 옆에 앉았습니다. K는 예의 그 쑥스러운 웃음을 지어 보였고 나 또한 조금은 쑥스러운 웃음으로 화답했습니다. 나는 수업이 끝난 후 친구를 만나 K와 앉게 된 사정을 설명했습니다. 친구는 고개를 끄덕였습니다. 나는 친구가 내가 한 말의 뜻을 잘 이해했다고 생각했습니다. 우리야 어차피 매일 만나는 사이이니 굳이 교실에서까지 같이 앉을 필요는 없다는, 말하지는 않았으나 내 마음속에 들어 있었던 그 생각을 잘 이해했다고 생각했습니다. 그 뒤로 친구와의 사이가 멀어졌느냐고요? 그렇지는 않습니다. 우리는 여전히 둘도 없는 친구로 붙어 지냈습니다. 하지만 과연 그랬을까요? 나를 대하는 친구의 마음이 과연 하나도 달라지지 않았을까요? 아마도 그렇지는 않았겠지요. 친구의 마음에는 분명 미세한 균열이 생겼겠지요. 약속을 우습게 여기는 내 태도가 친구의 마음에 작은 틈을 만들었을 것입니다. 그 미세한 균열과 어그러짐을 그때는 알지 못했습니다. 약속을 어기고도 뻔뻔한 변명으로 때웠던 나는 친구의 마음에 생긴 상처를 제대로 이해하지 못했습니다.

나 말고도 약속을 저버린 이가 또 있습니다. 조선 후기 서울에 살았던 최창대라는 사람이지요. 절친한 친구 사이였던 최창대와 박태한과 이광좌는 과거에 함께 급제했습니다. 그들은 손을 모으고 약속을 하나 했습니다. 관직에 발령받더라도 면신례 — 새로 벼슬을 받는 관리를 골탕 먹이는 관습을 말합니다 — 에는 절대 응하지 말자고 굳게 약속했지요.

굳은 약속이었지만 젊은 그들이 어른들의 오래된 악습에 저항하기란 쉬운 일이 아니었습니다. 가장 먼저 뜻을 접은 이는 최창대였지요. 최창대의 아버지는 당시 소론의 우두머리였던 최석정입니다. 작은 것에 신경 쓰다 큰일을 망치지 말라는 아버지의 엄명에 최창대는 별다른 반항도 하지 못하고 곧바로 뜻을 접었습니다. 손쉽게 아들을 굴복시킨 최석정은 이광좌에게 편지를 보내 설득을 시도했습니다. 박태한은 내버려 두었습니다. 박태한은 고집이 워낙 세서 어차피 말을 듣지 않을 것이라고 판단했기 때문입니다. 마침내 면신례 날이 되었습니다. 최창대는 혼자서만 면신례에 응했습니다. 박태한은 물론 이광좌 또한 오지 않았지요. 친구들도 당연히 오리라고 생각했던 최창대는 그제야 자신만 홀로 약속을 어겼다는 사실을 깨달았습니다. 얼마 후 최창대는 박태한에게 편지를 보냈습니다.

행동을 같이하지 못한 것을 후회합니다.

박태한은 짧은 답장으로 응답했지요.

세상일은 항상 남을 따라 하다 망합니다.

짧아도 의미하는 바는 참으로 많은 응답입니다. 그들 사이는 아무래도 전과 같지 않았을 것입니다. 더군다나 박태한은 불과 사 년 후에 세상을 떠났습니다. 박태한의 죽음 앞에서 최창대가 어떤 표정을 지었을지 궁금합니다. 어쩌면 그 표정은 친구가 죽었다는 소식을 들었을 때의 내 표정과 똑같았을지도 모르겠습니다.

나는 일방적인 약속 파기 탓에 비롯된 우울한 결과들만 나열하고 끝낼 수는 없습니다. 내가 쓰고 있는 이 글은 '우정 파탄의 법칙'이 아니라 '우정 지속의 법칙'이니까요. 그러므로 이 글의 취지에 맞게 '약속을 꼭 지키자'라는 법칙을 철두철미하게 지킨 우직한 두 사람의 사례를 결론 삼아 제시하겠습니다.

화가 이인상은 원중거의 맞은편 집에 살았습니다. 어느 날인가 둘은 한참 동안 이야기를 나눈 끝에 해가 진 뒤에는 서로 오가지 않기로 약속했습니다. 둘은 평생 그 약속을 어기지 않았습니다. 다른 친구들이 아무리 뭐라 해도 둘은 평생 그 약속을 어기지 않았

다고 합니다.

너무 고지식해서 오히려 우스워 보일 수도 있겠습니다. 살다 보면 밤새 어울리고 싶을 때도 있는 법인데, 해가 지면 그 즉시 헤어지다니 참으로 융통성 없는 사람들이라 말할 수도 있겠습니다. 그러나 나는 이 두 사람더러 뭐라 할 수 없습니다. 우정을 지속하려면 때로는 융통성 따위는 무시해야 합니다. 남들이 뭐라 하건 둘 사이에 주고받은 약속은 꼭 지킬 각오가 서 있어야 합니다. 이인상과 원중거는 그렇게 했습니다. 나는 그러지 못했습니다. 그래서 친구를 잃은 것이겠지요.

*

책을 받은 조카 녀석의 반응이 궁금한 독자도 혹 있겠지요. 그렇다면 이 글을 잘 읽은 것입니다. 글을 쓰면서도 내 마음 한구석은 내내 녀석에게 향해 있으니 말입니다.

결론부터 말하자면 '진전'이 조금 있기는 했습니다. 처음에 녀석은 별다른 반응을 보이지 않더군요. 나를 본체만체하던 전략을 일절 수정하지 않았다는 이야기입니다. 일주일 정도를 기다렸다가 참지 못하고 녀석의 방으로 불쑥 찾아가서 말을 걸었습니다.

"혹시 책 읽었냐?"

녀석은 컴퓨터 화면에서 눈을 떼지도 않았습니다. 외국 사이트인 듯한데 학교 사진만 가득한 걸 보아 이상한 사이트 같지는 않았지요. 아무 반응이 없기에 밖으로 나오려는데 녀석의 입이 열렸습니다.

"그 책들을 준 이유가 뭐야?"

그렇게 물으니 답이 궁했습니다. 그러게 말입니다. 왜 그 두 권이었을까요? 고민해 봤자 생각날 까닭이 없지요. 그냥 그 두 권이었으니까요. 그래도 잠시 생각하는 척하다가 답했습니다.

"이유? 좋은 책들이잖아."

녀석은 더 캐묻지 않고 화제를 바꾸었습니다.

"삼촌, 진수 알지?"

"으, 응."

"진수가 전학 갔어."

나는 다시 한 번 잠시 생각하는 척하다 말했습니다.

"어허, 그랬어?"

녀석은 내가 당연히 진수를 알고 있으리라 생각하는 모양이지만 실은 몹시 낯선 이름이었습니다. 그렇다고 녀석이 어렵게 말문을 열었는데 "진수? 그게 누구야?"라고 곧바로 되물어 볼 수는 없는 일입니다. 예민한 녀석이 내 속내를 눈치채지 못했을 리는 없건만 녀석은 평소와 달랐습니다. 어딘지 모르게 독기가 빠져 보이던 녀석은 내 약점을 물고 늘어지지 않았습니다. 그 대신 이렇게만 말하더군요.

"금요일 저녁에 나랑 농구 안 할래?"

이번에는 조금도 망설이지 않고 곧바로 대답했습니다.

"농구 좋지, 좋아!"

녀석은 그것으로 용무는 끝났다는 듯이 고개를 까딱해 보였습니다. 그만 나가 달라는 뜻이지요. 자식, 까다롭기는! 가슴속에서 치밀어 오르는 뜨거운 기운을 누르고 빙긋 웃었습니다.

"그럼 금요일에 보자."

이것이 내가 말한 '진전'의 내용입니다.

함 부 로 대 하 지 말 자

친구와의 약속을 지키지 않은 데에는 여러 이유가 있겠지요. 그래도 그중 하나만 꼽으라면 '그래도 된다고 생각했기 때문'이라고 말하겠습니다. 나는 친구와의 우정을 당연하게 여겼습니다. 그래서 약속을 어기는 무례를 서슴지 않은 것입니다. 친구이니까, 다른 친구도 아닌 가장 친한 친구이니까 당연히 나를 이해해 주겠지, 하고 제멋대로 생각해 버렸습니다. 세상에 당연히 존재하는 것은 단하나도 없다는 사실을 그때는 미처 몰랐습니다. 모든 것에 예의를 갖추어야 한다는 지극히 평범한 진리 또한 그때는 미처 몰랐습니다. 우정은 단단하고도 연약합니다. 때로는 강력한 도끼질도 끄떡없이 견디지만 때로는 한 줄기 바람에도 허무하게 무너집니다. 그

래서 나는 그때는 몰랐던 그 깨달음을 또 다른 '우정 지속의 법칙'
으로 옮겨 적습니다. 그 법칙은 바로 '함부로 대하지 말자'입니다.

이 법칙에 딱 들어맞는 사람이 있습니다. 오성과 한음 이야기의
주인공 중 한 명인 오성 이항복입니다. 장난기 가득한 일화들로 유
명한 사람인 터라 주위 사람들에게 무례했을 거라 생각하기 쉽지
요. 이항복은 그런 사람이 아니었습니다. "벼슬은 정승이었지만,
가산(家産)은 한사(寒士)와 같이 가난하였다."라는 실록의 평은 이
항복의 삶이 장난과 무례가 아닌 원칙과 청렴으로 요약됨을 알려
주지요. 실록의 평이 지나치게 딱딱하다고요? 다음의 사례는 어떻
습니까?

이항복이 어느 날 꿈을 꾸었습니다. 꿈속에서 멋진 풍경을 보았
는데, 그 풍경 한가운데 우아한 정자가 자리하고 있었지요. 호기심
많은 이항복은 그냥 넘어가지 않았습니다. 이항복은 당장 정자로
가서 주인이 누구인지 알아냈습니다. 윤두수였습니다. 윤두수는
영의정을 지낸 이로 이항복의 재주를 몹시 아끼던 사람이지요. 이
항복이 왔다는 소식에 윤두수의 아들 윤수찬이 나왔습니다. 윤수
찬은 반가이 맞아 주며 들어오라 했지만 웬일인지 이항복은 머뭇
거렸습니다. 그러다 잠에서 깨었습니다.

잠에서 깨어났어도 그 멋진 경치와 정자는 머릿속에서 사라지
지 않았습니다. 하지만 그 정자는 꿈속에서라고는 하나 자신의 것

이 아니라 윤두수의 것이었지요.(별걸 다 고민하는 이항복을 보니 그에 대한 또 다른 평이 떠오릅니다. "평생토록 법을 어겨 청탁하는 편지를 쓴 적이 없다.") 이항복은 곰곰 생각하다 무릎을 탁 쳤습니다.

'포기할 이유가 있을까? 그 멋진 경치와 정자를 포기하는 것은 푸줏간 앞을 지나면서 고기 씹는 시늉만 하는 것과 똑같다. 조용히 내 것으로 해야겠다.'

이항복은 그 정자에 '필운별서'라는 이름을 붙였습니다. 필운은 바로 이항복의 호였으니 꿈속의 정자를 자기 것으로 취하겠다는 마음을 분명하게 드러낸 셈이지요.

다음 날 이항복은 다시 꿈을 꾸었습니다. 꿈속에서 멋진 풍경을 보았고, 그 풍경 한가운데 우아한 정자가 자리한 것을 보았습니다. 그런데 느낌이 좀 이상했습니다. 정자의 모양이 전날과 달랐거든요. 흠잡을 데 없는 모양이기는 했으나 어딘가 풍경과 조화를 이루지 못했습니다. 이항복은 머리를 갸웃거리다 잠에서 깨었습니다. 잠에서 깨어났어도 그 멋진 풍경과 조화를 이루지 못하는 정자는 머릿속에서 사라지지 않았지요.

'그 경치와 정자는 하늘이 윤두수에게 내려 준 것이다. 그걸 내가 사사로이 취했으니 일이 잘못된 것이다.'

이항복은 정자의 이름을 '오음별서'로 바꾸었습니다. 오음은 바로 윤두수의 호였으니 윤두수에게 돌려주겠다는 마음을 분명하게 드러낸 셈이지요. 이항복은 이 사연을 글로 써서 세상에 알렸습니다. 그렇게 해서 이항복은 꿈속의 정자를 훔쳤다가 돌려준 사람이 되었습니다.

　나 또한 이항복 하면 소년 오성의 장난스러운 이미지를 제일 먼저 떠올렸습니다. 그러나 이 사례를 접한 후 이항복을 다시 보게 되었지요.(나중에 더 살펴보겠지만 사실 이항복은 '장난스러운' 보다는 '꼿꼿한'이라는 수식어가 훨씬 잘 어울리는 사람입니다.) 이항복은 꿈속에서 본 남의 정자를 훔쳤습니다. 하지만 그 결정은 이항복의 심사를 불편하게 했습니다. 꿈속의 정자이니 괜찮을 법도 하건만, 원칙과 청렴을 숭상하고 상대의 마음부터 챙기는 이항복에게는 전혀 괜찮지가 않았지요. 허락도 받지 않고 무례하게 남의 정자를 자신의 것으로 만든 그 행위가 도무지 마뜩지 않았던 것입니다. 지나치다 말할 수도 있겠습니다. 실제로 훔친 것도 아니고 기껏해야 꿈속의 정자인데 그렇듯 신경 쓸 필요가 있느냐 말할 수도 있겠습니다. 하지만 무례는 언제나 사소한 데에서 시작됩니다. 괜찮겠지, 이해해 주겠지, 하는 작은 방심에서 시작된다는 말입니다. 그렇게 시작된 무례는 점차 영역을 넓혀 갑니다. 이항복은 그 사실을 잘 알았던 사람입니다. 그래서 별것도 아닌 꿈속의 정자에 그토록 민감하게 반응했던 것이지요.

맹사성 또한 그 사실을 잘 알았던 사람이지요. 청백리로 유명한 맹사성은 '함부로 대하지 말자'라는 법칙의 수호자라 부를 만합니다. 맹사성은 손님이 찾아오면 지위 고하에 관계없이 옷을 제대로 갖춰 입고 대문 밖에 나가서 직접 맞이했습니다. 그렇게 맞은 손님을 상석에 앉힌 후 이야기를 나누었지요. 손님이 돌아갈 때도 마찬가지였습니다. 맹사성은 대문 밖까지 따라 나가서는 몸을 구부리고 손을 모은 자세로 공손하게 배웅했습니다. 손님이 말에 올라앉은 후에야 비로소 집 안으로 들어갔다고 합니다.

또 다른 사례가 있습니다. 맹사성의 집 근처에 선배인 성석린이 살았습니다. 맹사성은 성석린의 집을 지나칠 때면 늘 말에서 내렸습니다. 성석린을 만났느냐고요? 아닙니다. 성석린은 보이지도 않았지요. 그럼에도 맹사성은 늘 말에서 내려서 걸었습니다. 성석린의 집 앞을 지나친 후에야 다시 말에 올랐습니다. 성석린이 세상을 떠날 때까지 하루도 빼놓지 않고 늘 그렇게 했습니다.

맹사성이라는 사람의 진면목을 보여 주는 대목이지요. 맹사성에게 '절대로 당연한 것'은 없었습니다. 정승까지 지낸 맹사성이니 대우를 받는 것도 당연하고, 상석에 앉는 것도 당연하고, 말을 타고 선배의 집 앞을 지나는 것도 당연합니다. 그러나 맹사성은 당연을 따르는 대신 자신을 낮추었습니다. 자신을 낮춤으로써 상대에 대한 예의를 갖추었지요. 맹사성이 명재상의 대명사로 오늘날까지 두루 칭송받는 이유를 알 만합니다.

이항복, 맹사성도 대단하지만 '함부로 대하지 말자'라는 법칙의 일인자는 퇴계 이황입니다. 이황이 병으로 쓰러져 누웠을 때의 일입니다. 자식들과 제자들이 곁을 지키며 수발을 들었지만 병세는 조금도 나아지지 않았습니다. 그러던 어느 날 이황은 그만 자리에 누운 채로 설사를 하고 말았습니다. 제 몸조차 마음대로 가누지 못하게 되었다는 자괴감이 몰려왔겠지요. 그 깊디깊은 자괴감 속에서 이황의 시선이 향한 곳은 뜻밖에도 매화 화분이었습니다. 이황은 제자를 불러 화분을 다른 곳으로 옮기라고 말했습니다. 무엇 때문에 그런 말을 했을까요?

　"나의 친구인 매화 형(兄)에게 불결한 냄새를 맡게 하고 말았다. 몹시 미안하구나."

　이황에게 매화는 단순한 감상의 대상이 아니었습니다. 삶을 함께 살아가는 친구였지요. 그렇기에 이황은 매화를 김 형, 이 형 하듯 매화 형이라 부른 것입니다. 친구 사이니 허물없이 지낼 수도 있습니다. 더군다나 상대가 사람도 아니니 충분히 그럴 법하지요. 몸도 아픈데 조금쯤 신경을 덜 쓰더라도 뭐라 하는 사람은 없을 것입니다. 하지만 이황은 그렇게 하지 않았습니다. 이황은 매화를 '형'이라 부르기만 한 게 아니라 실제 형을 대하듯 예의를 갖추었지요. 그래서 사람도 아닌 매화에게 진심으로 미안하다 말한 것입니다. 매화에게 그 정도였으니 사람에게는 어떻게 했겠습니까? 이황의 제자인 김성일은 스승을 이렇게 평했습니다.

선생은 상대방의 말이 다 끝난 뒤에야 천천히 자신의 의견을 밝혔다. 쉬운 질문에도 곧바로 답하는 경우가 없었다. 늘 한참 생각한 뒤에 대답했다. 자신의 의견을 고집하는 법도 없었다. "내 의견은 이러한데 어떨지 모르겠다." 이것이 선생이 자신의 의견을 내놓는 방식이었다.

*

「굿 윌 헌팅」의 윌은 이황, 맹사성, 이항복과는 정반대의 부류에 속해 있는 사람입니다. 앞서 말했지만 윌은 천재입니다. 여러 번의 입양과 파양 때문에 성격과 생활이 모두 엉망이 되어 버린 회생 불가능한 천재였지요. 하지만 명문 대학인 MIT에서 청소 일을 하다 복도에 걸린 수학 문제를 단번에 풀어냄으로써 윌의 위상은 하루아침에 달라집니다.(저명한 수학자인 램보 교수가 학생들에게 냈던 문제였지요.) 그 시기 또한 절묘했습니다. 그즈음 윌은 큰 위기를 겪고 있었거든요. 심심풀이 삼아, 혹은 습관적으로 하던 패싸움으로 구속되어 감옥살이를 해야 할 형편이었지요. 램보 교수는 두 가지 조건을 걸어 윌을 감옥에서 꺼내 줍니다.

(1) 자신과 함께 수학 공식을 검토하고 문제를 풀 것.

(2) 정신과 상담을 받을 것.

속내야 어찌 되었건 램보 교수는 윌에게 은인입니다. '모두가 외면할 때 손을 내밀어 준 사람'이니까요. 램보 교수가 소개해 준 상담 전문가 숀 맥과이어 교수 또한 은인입니다. 윌의 말을 진지하게 들어 준 첫 번째 사람이니까요. 하지만 윌은 이 두 사람에게 어떻게 했을까요?

함부로 대했습니다. 그들이 손을 내밀어 준 일 따위는 깡그리 잊고 말입니다.(윌에게는 거듭된 파양으로 인한 깊은 상처가 있다고 말했지요. 하지만 그 상처를 감안해도 윌의 태도는 일반의 상식을 가뿐히 넘어섭니다.) 자신이 상담 전문가인 양 숀 맥과이어 교수를 진단하며 그의 아픈 상처를 마구 헤집어 놓고, 램보 교수 앞에서 어려운 수학 공식을 단번에 풀어낸 뒤 해답을 적은 종이를 불태우며 빈정댑니다.

"정답을 줘도 이해하지 못하고 헛소리만 해 대는 교수님이 정말 지겨워요."

자신이 평생 풀지 못했던 문제의 해답이 적혀 있는 종이를 살리기 위해 온갖 애를 쓰는 램보 교수의 모습은 이 영화에서 가장 가슴 아픈 장면이기도 합니다. 사족일 수도 있는 고백을 하겠습니다. 이 장면을 보면서 나는 형을 떠올렸습니다.

나보다 여덟 살 많은 형은 천재였습니다.(영화의 주인공 윌만큼은 아니었겠지만 어린 내 눈에 비친 형의 모습은 윌 이상이었지요.) 중고등학교 내내 전교 1등을 놓치지 않았던 형은 모두가 예상했던 대로 S대 또한 별 어려움 없이 합격했습니다. 공부만 잘한 것도 아닙니다. 형은 그 당시 최고 인기 학과였던 법학과에 충분히 들어갈 수 있는 점수를 받아 놓고도 국문학과를 선택해 모두를 놀라게 했고, 대학원에 진학하면서는 한국 사상사 쪽으로 다시 한 번 전공을 바꾸는 파격을 아무렇지도 않게 감행했거든요. 그 결과 지금은 모교인 S대에서 한국 사상사를 가르치는 교수가 되었습니다.

나 또한 공부를 곧잘 했습니다. 형만큼은 아니지만 말입니다. 중학교 시절 내가 거둔 최고 성적이 전교 2등이었다는 사실은(그것도 단 한 번) 내 능력의 한계를 정확히 말해 주지요. 고등학교에 들어간 후로는 그 비슷한 성적조차 못 거두었습니다. 덕분에 나는 부모에게서 우리 아들 참 공부도 잘하는구나 하는 이야기는 들어 본 적이 없습니다. 어디 내놓아도 꿀릴 것이 없는 성적이었지만 그 '어디'가 내가 살고 있는 집은 아니었던 것입니다. 그러한 대우에 대해 불평한 적은 없습니다. 하지만 내 가슴에 상처를 남기기는 했지요. 약삭빠른 나는 내 나름대로 상처를 치유했습니다.

내겐 나보다 '못난' 친구들이 있었거든요. 나는 친구들 중에서는 단연 독보적인 존재였습니다. 시험이 닥치면 나는 친구들 몇몇과 함께 공부했습니다. 대개의 시간은 잡담과 놀이로 무의미하게 보냈지만 얼마 되지 않았던 공부 시간 동안만큼은 나는 친구들의 질문을 받고 답을 해 주며 리더 역할을 했습니다. 물론 그냥 답해

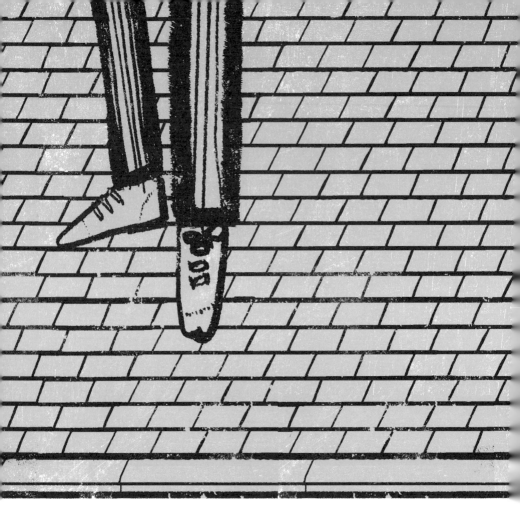

준 것은 아니지요. '인마, 지난번에 물어본 걸 또 물어보냐?' 등의
아름다운 문장들과 함께였습니다. 나쁜 의도가 있었던 것은 아닙
니다. 상대가 친구들이니까 그렇게 대했던 것이지요. 그래도 여기
까지는 그럴 수도 있겠다 싶지만 친구들에 대한 나의 무례는 그것
이 전부가 아니었습니다.

중학교 1학년 여름 방학을 마치고 친구
와 둘이서 전에 다녔던 학원─그러니
까 우리가 처음 만났던─
에 찾아갔던 때입니다.
오래간만에 만난 학원

선생님은 이것저것 묻다가 지극히 자연스럽게 성적에 관심을 보였습니다. 친구는 내가 반에서 1등을 했다고 말했습니다. 그 말을 들은 나는 어깨를 한 번 으쓱한 후 친절한 설명을 보탰습니다.

"얘는 성적이 쫙쫙 떨어졌어요."

선생님이 몇 등이냐고 묻자 친구는 7등이라고 대답했습니다.(친구의 성적은 이미 그때부터 하향세였습니다.) 선생님이 웃는 모습을 보고 또다시 친절한 설명을 보탰습니다.

"시험 전에 제가 예상 문제를 콕콕 찍어서 알려 줬어요. 그것들만 다 맞았어도 2등은 했을 텐데 말이에요. 야, 너 단기 기억력에 좀 문제 있는 거 아냐?"

복사꽃처럼 잔뜩 붉어진 친구는 뭐라 대꾸도 못 하고 그저 머리만 긁적거렸습니다. 아, 나는 그런 사람이었습니다. 웬만큼 대단한 천재도 아니었으면서 그보다 무례하게 친구를 대했던 정말로 못난 사람이 바로 나입니다.

조선 후기를 대표하는 무장인 이완 ──「허생전」에도 등장하는 사람이지요 ──의 사례를 마지막으로 들겠습니다. 이완이 훈련도감의 대장이었을 때의 일입니다. 이완은 아끼는 말을 창밖에 매어 두고 아침저녁으로 꼴과 콩을 직접 먹였습니다. 누군가 이완에게 물었습니다.

"그런 일쯤은 마부에게 시키는 것이 좋지 않겠소?"

이완이 대답했습니다.

"내 한 몸의 생사는 말에게 달려 있소. 싸움이 벌어지면 이 말을 타고 나가야 한다는 뜻이오. 그런데 평소에는 아무런 관심도 보이지 않다가 일이 급할 때 말에게 나를 위해 달리고 또 달리라고 말하는 것은 좀 문제가 있지 않소? 말에게 염치가 없지 않느냐, 그 말이오."

이황의 사례와 비교해 볼 만합니다. 이완은 이황이 매화를 대하듯 말을 대하지는 않았습니다. 말을 자신의 친구로까지 여기지는 않았지요. 이완은 무장답게 싸움이 벌어지면 자신이 타고 나갈 실용적인 존재로 말을 규정했습니다. 그러기는 했으나 말에게 함부로 하지는 않았습니다. 훈련도감의 대장이면서도 아침저녁으로 꼴과 콩을 직접 먹이며 정성을 다했습니다. '염치' 때문입니다. 다른 말로 하자면 '최소한의 양심' 때문이었지요.

나는 친구에게 함부로 대했습니다. 이황의 매화는 물론이고, 이완의 말보다도 못한 존재로 여겼지요. 내 입장과 생각에만 빠져 사는 동안 나는 중요한 것을 잊고 있었습니다. 그 어떤 것보다도 중요한 친구의 마음을 말입니다. 조동진의 의미심장한 노랫말이 유독 오래도록 내 마음을 괴롭힌 까닭이기도 합니다.

하루에도 몇 번씩 너를 떠날 생각에

네가 나를 떠난 것도 나는 잊고 있었다

친구를 함부로 대한다는 것은 결국 모든 일을 내 입장에서만 바라본다는 뜻입니다. 나에게만 몰두해 있는 사이, 친구는 내 곁을 조용히 떠납니다.

*

이제 조카 녀석과의 농구 약속 이야기를 하려 합니다. 결론부터 말하지요. 나는 녀석과의 약속을 지키지 못했습니다. 핑계 없는 무덤이 없듯 내게도 이유는 있었습니다. 조카 녀석과 농구를 하기로 했던 바로 그 금요일 아침, 친구이자 동료 작가인 K가 내게 전화했습니다.

"A출판사 사장이랑 저녁 먹기로 했다. 너도 나올래?"

K는 오래간만에 전화를 걸어 놓고도 안부 따위는 묻지 않았습니다. '용건만 간단히'가 변하지 않는 K의 통화 스타일이지요. 잠시 고민하던 나는 "어쩔 거야?" 하고 다시 한 번 물은 K에게 조금 생각해 보겠다고 했습니다. K는 약속 장소와 시간을 알려 주며 이렇게 말했습니다.

"웬만하면 나와. 얼굴이라도 보자."

A출판사는 작가들에게 제법 인기 있는 곳입니다. 그리 크지 않아도 내실 있는 출판사이지요. 사장과는 안면이 없었던 터라 좋은

기회가 될 수도 있었습니다.(퇴짜 맞은 채 천국도 지옥도 아닌 연옥을 떠돌고 있는 원고를 생각하면 더더욱!) 잠시 고민하다가 농구를 떠올렸고 머리를 흔들었습니다. '약속을 꼭 지키자'라는 다섯 번째 법칙을 끝낸 지 며칠 지나지도 않았음을 떠올리고는 멋쩍은 웃음을 지었습니다.

혼자 점심을 먹고 글을 조금 썼습니다. 4시 조금 지나서 대학에 강의하러 나갔던 형수가 돌아왔습니다. 나는 형수에게 커피를 건네며 자연스럽게 조카 녀석의 이야기를 꺼냈습니다.

"지훈인가 하는 애가 전학 갔다면서요?"

"지훈이요? 아, 진수 말하는 거죠? 진수 몰라요?"

"진수요?"

"중 1 때 삼촌이 기형이랑 진수랑 데리고 캠핑 갔었잖아요?"

"아, 예. 그 진수요."

그제야 진수가 누군지 내 머릿속에 떠올랐습니다. 또래에 비해 통통했던 진수가 물에 빠져 허우적거리는 바람에 식겁했던 게 기억납니다. 진수 녀석을 데리고 나오던 중에 카메라를 빠뜨려 몹시 아까워했지요. 이어지는 형수의 설명을 통해 나는 조카의 단짝 친구였던 진수가 몇 주 전에 뉴질랜드로 이민을 떠났다는 사실을 알게 되었습니다.

"기형이가 꽤 힘들어해요."

형수가 무언가를 생각하느라 잠시 말을 멈춘 틈을 타서 끼어들었습니다.

"안 그래도 오늘 녀석이랑 농구 좀 하려고요. 그래서 출판사 미팅도 미뤘어요."

"출판사 미팅을요? 그거 중요한 거 아니에요?"

"음…… 중요하긴 하죠."

형수는 커피 한 모금을 마신 후 말했습니다.

"그러지 말고 나갔다 와요. 농구는 다음에 해도 되잖아요?"

"하지만 녀석과 약속했어요. 게다가 힘들어한다면서요?"

"그렇긴 하지만…… 생각해 보면 급한 건 아니에요. 다녀오세요. 내가 얘기할 테니. 혹시 형한테서 무슨 이야기 못 들었어요?"

"형한테서요? 아무 얘기 못 들었는데요? 무슨 일 있어요?"

"아니, 그런 건 아니고…… 신경 쓰지 말고 다녀오세요. 기왕이면 옷도 좀 점잖은 걸로 입고 나가세요."

평소와는 다른 형수의 태도가 조금 신경 쓰이기는 했습니다. 하지만 말할 의사가 없는 사람에게 말하라고 강요할 수는 없기에 더 묻지 않았지요. 방으로 돌아온 나는 옷을 고르다 말고 조카 녀석에게 문자를 보냈습니다.

'출판사 사장이랑 급하게 만나야 할 일이 생겼다. 농구는 내일, 그러니까 딱 하루만 미루면 안 될까?'

곧바로 답장이 날아오더군요.

'알았어.'

이모티콘 하나 없는 건조한 답장을 받으니 녀석에게 더 미안해졌습니다. 다시 한 번 문자를 보냈습니다.

'내일은 꼭 농구하자.'

또다시 곧바로 답장이 날아왔습니다.

'알았다잖아.'

조카 녀석과의 약속까지 미루고 나갔지만 별다른 성과는 없었습니다. 약속 장소에는 출판사 사장과 K 말고도 다른 사람들——출판사 직원, 이름만 들었던 작가 등등——이 여럿 있더군요. K가 나서서 출판사 사장에게 나를 소개했습니다. 출판사 사장이 일어나서 악수를 건넸습니다.

"말씀 많이 들었습니다."

그러나 말과 달리 공허한 눈빛은 나에 대해 잘 모른다는 사실을 여과 없이 드러냈습니다. 출판사 사장은 말이 많은 편이더군요. 그는 두 시간 동안 자기 이야기만 하고는 약속이 있다며 출판사 직원과 함께 사라졌습니다.(A출판사에 대한 나의 인상은 아무래도 잘못된 것이었나 봅니다!) 갑작스럽게 버려진 이들은 잠시 황망해하다가 다른 곳으로 자리를 옮기자고 했습니다. K가 나를 보았습니다. 고개를 살짝 저었습니다. K와 나는 미안하다고 말하곤 먼저 밖으로 나왔습니다.

"이런 분위기일 줄은 몰랐다."

K가 미안해하며 말했습니다.

"그럴 수도 있지."

"맥주나 한잔 할래?"

이미 늦은 시간이었습니다. 평소라면 아무리 늦었어도 맥주를 거절하진 않겠지요. 하지만 그날은 달랐습니다. 심신이 몹시 피곤했습니다. 그래서 K에게 이렇게 물었습니다.

"좀 살 만하냐?"

K는 웃지도 않고 대답했지요.

"그냥 그렇지 뭐, 넌?"

"너보다는 좀 낫다."

"하여간 잘난 체는. 가끔은 전화도 하고 그래."

"알았어."

고개를 끄덕거리는데 문득 생각나는 게 있어 물었습니다.

"너 나한테 책 빌려 간 거 있지?"

"없어, 인마. 그나저나 다른 책들은 괜찮은데 『퇴계집』은 좀 돌려줘. 절판되어서 구할 수가 없거든."

혹 떼려다 혹 붙인 격입니다. 나는 어색한 미소를 지으며 상황을 무마했지요.

그날 밤 나는 매운 치킨 한 마리를 사 들고 조카 녀석의 방문을 두드렸습니다. 내 예상대로 녀석은 매운 치킨을 거절하지 않았습니다. 허겁지겁 닭 다리를 먹어 치우는 녀석에게 물었습니다.

"내일은 농구할 시간 되냐?"

녀석은 고개를 저으며 답했습니다.

"진학 면담."

"일요일은?"

"엄마 아빠랑 외식."

나만 빼놓은 셈이지만 그렇다고 서운하지는 않습니다. 정확히 말하면 나는 군식구이니까요. 결국 나는 이렇게 말했습니다.

"언제든 시간 되면 말해. 나야 늘 한가하니까."

어느새 나보다 커져 버린 녀석이, 그럼에도 팔다리는 가느다란 녀석이 닭을 산산조각 내는 모습은 경이롭더군요. 녀석의 손이 느려지기를 기다렸다가 물었습니다.

"진수라는 애, 보고 싶냐?"

입가에 양념을 잔뜩 묻힌 녀석이 피식 웃었습니다. 마지막 한 조각을 먹어 치운 후 이렇게 말했습니다.

"평생 못 보는 것도 아닌데 뭘."

억양 없는 녀석의 목소리는 속내가 말과는 다르다는 걸 속절없이 드러냈지요. 한데 위로한답시고 내가 내뱉은 말이 참으로 어처구니없었습니다.

"친구한테 잘해라. 그러다 평생 못 볼 수도 있다."

녀석의 얼굴이 굳어졌습니다.

"삼촌, 나는…… 아냐, 아무것도 아니야."

녀석의 말은 그것으로 끝이었습니다. 방에서 나오기 전에 한 가지만 확인했습니다.

"시간 정해서 꼭 알려 줘. 농구 한번 제대로 해 보자."

녀석은 고개를 끄덕이고는 문을 쾅 닫았습니다.

3장

갈등 – 싸울 수도 있지만

법칙 ❼-1 잘못을 인정하자
법칙 ❼-2 잘못을 알려 주자

잘 못 을 인 정 하 자

지난 열흘 동안 단 한 줄의 글도 쓰지 못했습니다. 열흘 전에 무슨 일이 있었냐고요? 있었지요. 그날 저녁을 먹은 후 쌀쌀해진 강변을 걸으며 늦은 산책을 즐길 때까지만 해도 그저 평범한 하루인 듯했습니다. 바람과 함께 강변을 걸으며 다음 법칙을 생각했습니다.

'박지원 사례부터 쓸까, 남공철부터 쓸까? 그럼 첫 문장은?'

첫 문장은 결정하지 못했습니다. 다만 박지원의 사례를 먼저 쓰기로 마음먹었으니 산책의 성과는 충분했지요. 집으로 돌아온 나는 손만 씻고서 바로 컴퓨터를 켰습니다. 파일을 열면 첫 문장이 바로 튀어나올 거라는 확실한 믿음이 있었으니까요. 부팅되기를 기다리는 동안 손목 운동을 하며 긴장을 풀었습니다. 파일을 열고 자판에 손을 올려놓으며 막 시동을 걸려는 순간 조카 녀석이 들어왔습니다.

"바쁜 조카 왔냐? 이번 주말은 시간 어때?"

나는 활짝 웃으며 녀석을 맞았습니다. 녀석의 얼굴은 나와 정반대였습니다. 얼굴을 잔뜩 찡그린 녀석은 가타부타 말도 없이 책 한 권을 들이밀었습니다.

"뭐냐? 책 빌려 갔어?"

책을 본 나는 너무 놀라 하마터면 뒤로 넘어갈 뻔했습니다. 책장을 아무리 뒤져도 찾을 수 없었던 책, 『사람의 아들』이었습니다. 미로 같은 책장 어딘가에 처박혀 있어야 할 『사람의 아들』이 도대체 어떻게 녀석의 손에 있는 걸까요? 아니지요. 그보다 먼저 해야 할 질문이 있습니다.

녀석은 『사람의 아들』이 내가 찾던 책이라는 걸 어떻게 알았을까요? 답은 하나밖에 없습니다. 녀석은 '우정 지속의 법칙'을 읽었습니다. 녀석은 내가 방을 비운 틈에 도둑고양이처럼 몰래 들어와 내가 쓰고 있는 글을 읽었던 것입니다. 그러고는 『사람의 아들』을 찾기 위해 책장을 샅샅이 뒤졌겠지요. 화가 나기도 하고 부끄럽기도 했습니다. 얼치기 작가이지만 글에 관해선 내 나름의 결벽증이 있습니다. 그렇기에 미완성인 글을 다른 사람에게 보여 준 적은 여태껏 한 번도 없습니다. 그런데 녀석이 내 허락도 받지 않고 결함

투성이 초고를 읽었습니다. 평소의 나라면 분명 소리부터 질렀겠지요. 아니, 그보다는 당장 자리를 박차고 일어나 다짜고짜 녀석의 머리에 강력한 꿀밤부터 선사했을 것입니다.

　나는 그럴 수 없었습니다. 첫 번째 이유는 농구 약속이 어그러진 데 대한 모종의 찜찜함입니다. 정확히 말해 그날의 일이 약속 위반은 아니었지만 그렇다고 떳떳하다 말하기는 좀 꺼림칙하니까요. 지금까지 이 글을 열심히 읽은 독자라면 내가 형수에게 K의 말을 약간 바꿔 전했던 것을 눈치챘겠지요. K는 A출판사 사장을 함께 보자고 말했지만 나는 형수에게 출판사 미팅이 있다고 했습니다. 비슷하기는 하나 실상은 매우 다르다는 걸 나 자신부터 잘 알고 있습니다. 두 번째 이유도 있습니다. 나는 지금 다른 글도 아닌 '우정 지속의 법칙'이란 글을 쓰고 있는 중입니다. 녀석에게 소리를 지르는 건 분명 '함부로 대하지 말자'라는 법칙에 정면으로 위배되는 행동입니다.

　하지만 그렇다고 녀석이 한 짓을 그냥 둘 수도 없었습니다. 내 행동에 찜찜한 구석이 있기는 했으나 그건 그저 심리적인 것일 뿐이고, 그에 비해 녀석의 행동은 분명 잘못된 것이었으니까요. 내가 쓰려고 준비해 놓은 다음 법칙이 바로 '잘못을 알려 주자'이니 무언가 조치를 취하기는 취해야만 했습니다. 화가 나면 앞뒤 가리지 않고 흥분하는 내 성격을 잘 아는지라 크게 심호흡부터 했습니다. 잘못을 알려 주되, 함부로 대하지는 말자고 머릿속으로 되뇌며 최

대한 너그럽게 말했습니다.

"짧게 말하겠다. 우선, 말없이 책을 가져간 건 잘못된 일이다. 그건 알고 있겠지?"

너그럽고 차근차근하게 하자는 전략은 단번에 실패했습니다. 녀석이 날카로운 가시로 뒤덮인 동문서답으로 강력히 응수했거든요.

"집어치워. 책을 어디에서 찾았는지 알기나 해?"

녀석의 대답—이라기보다는 강력한 반문이라고 해야 할—은 내 마음을 심히 불편하게 했습니다. 녀석의 말투에는 나에 대한 힐난이 독약처럼 잔뜩 묻어 있었습니다. 이왕 자제하기로 결심한 후입니다. 나는 녀석의 삼촌이라는 입장과 형이 나를 이 집에 들인 이유를 상기하며 나로서는 드물게도 초인적인 인내심을 발휘했습니다.

"어디에서 찾았는데?"

"창고에서."

형이 제공해 준 방은 내 모든 책들—얼치기 작가라는 신분에 어울리지 않게 과다하게 많은—을 보관하기에는 턱없이 작았습니다. 그래서 나는 당장 필요한 책들만 방에 두고 나머지는 베란다 구석의 창고에 넣어 두었지요.

"우정 지속의 법칙? 웃기지도 않아. 삼촌은 정말……."

"그만해!"

녀석이 하려는 말을 굳이 끝까지 들을 필요도 없었습니다. 녀석이 말하지 않아도 나 또한 이미 충분히 깨달았으니까요. 『사람의 아들』은 내겐 평범한 책이 아닙니다. 이제는 만날 수 없게 된 친구가 준 처음이자 마지막 선물이었습니다. 단 하나뿐인 우정의 흔적입니다. 그런데도 나는 책을 분류하는 과정에서 그 책을 골라내지 않았습니다. 당장 글을 쓰는 데 필요한 자료들 위주로 서둘러 분류하다 보니 자료와는 무관한 일개 소설은 별다른 주목도 못 받고 곧장 창고로 들어가 버린 것입니다. 그래 놓고 나는 그 사실조차 알지 못했습니다. '우정 지속의 법칙'을 쓰기 시작한 후에야 비로소 『사람의 아들』을 떠올렸고, 당연히 책장에 있겠거니 하고 하릴없이 책장만 뒤지고 또 뒤졌던 것입니다.

"그 친구가 왜 삼촌 같은 사람을 좋아했는지 모르겠네."

녀석은 아예 대놓고 비아냥거렸습니다. 생각하는 게 조금 독특하기는 해도 기본적으로는 착한 녀석입니다. 욕도 제대로 할 줄 모르는, 이 시대에 보기 드문 올바른 청소년입니다. 그런 녀석이 삼촌에게 앞뒤 가리지 않고 마구 독설을 퍼부었습니다. 입술을 깨물었습니다. 아무 죄도 없는 입술을 깨물며 내가 녀석에게 주먹을 날리는 게 '우정 지속의 법칙'에 부합하는지 그렇지 않은지 잠시 생각했습니다. 친구에게 독설을 퍼부은 남공철과 친구의 볼기를 때린 박지원 사이에서 잠시 갈등했습니다. 남공철이 간신히 박지원을 물리쳤습니다. 나는 다시 한 번 감정을 억누르고 말했습니다.

"조심해라. 앞뒤 사정도 모르면서 함부로 말하지 마라."

"모를 게 뭐가 있어?"

"조심하라니까."

"조심하긴 뭘 조심해? 어차피 삼촌은 자기밖엔 생각하지 않잖아? 약속도 일방적으로 깨 놓고서."

"그렇지 않아. 그리고 지금 너, 그게 삼촌한테 할 말이냐?"

녀석은 조금도 물러서지 않았습니다. 물러서기는커녕 혀를 차며 대꾸했지요.

"그 친구는 삼촌 때문에 죽은 거야."

'우정 지속의 법칙'이고 뭐고 간에 더 이상은 참을 수가 없었습니다. 매운 치킨을 매개로 싹텄던 우호적인 분위기는 완전히 끝났습니다. 나는 녀석의 뺨을 때렸습니다. 쫙도 아니고 쿵도 아닌 그 중간 어딘가에 자리한 소리가 났고, 거의 동시에 녀석의 안경이 방바닥으로 수직 낙하했습니다. 안경다리가 부러지고 안경알이 빠졌습니다. 녀석의 눈에서 눈물이 흘렀습니다. 녀석은 눈물을 뚝뚝 흘리면서 나를 보았습니다. 눈물을 닦을 생각은 하지도 않고 나를 노려보았습니다. 곧바로 후회가 몰려들었습니다. 하지만 어쩔 수 없었습니다. 나로서는 어쩔 수 없는 일이었습니다. 녀석은 맞을 짓을 한 것입니다. 내 글을 읽고 나에게 실망한 녀석의 심기가 몹시 불편했다는 사실은 변명거리가 되지 않습니다. 녀석은 해서는 안 되는 말을 했습니다. 그 어떤 상황에서도 해서는 안 되는 말을 뱉어 버린 것입니다.

“사과해라.”

“도대체 뭘?”

녀석은 말없이 안경을 집어 주머니에 넣었습니다. 부러진 안경 다리와 빠진 안경알도 집어넣었습니다. 그러고는 옷소매로 눈물을 닦았습니다. 눈물이 사라진 얼굴에는 비웃음이 자리했습니다. 녀석은 흐흐 웃으며 마지막 일격을 가했습니다.

“삼촌, 『사람의 아들』을 읽어 보기나 했어?”

가까이 있던 종이 뭉치를 녀석에게 던졌습니다. 종이 뭉치는 녀석 대신 애꿎은 방문만 때리고 떨어졌습니다. 녀석은 다시 한 번 비웃음을 던지고는 방을 빠져나갔습니다. 그걸로 끝이 아니었습니다. 녀석은 다시 나타나서는 내 앞에 책들을 집어 던졌습니다. 내가 쓴 책, 내가 선물한 책들이었습니다. 녀석의 얼굴이 사라졌나 싶더니 형수의 얼굴이 보였습니다. 파랗게 질린 형수를 안심시켰습니다.

“별일 아니에요.”

“미안해요. 요즘 재가…….”

말을 다 끝내지도 못한 형수가 녀석의 방으로 갔습니다. 이 집안에서는 드물게도 큰소리가 잠깐 나더니 곧바로 현관문이 열렸다 닫혔습니다.

집 안은 조용해졌습니다. 괜히 주먹만 쥐었다 폈다 했습니다. 우선은 바닥에 나뒹구는 책들부터 치워야 할 것 같았습니다. 나는 그 책들을 한쪽 구석에 쌓은 후 책상에 앉았습니다. 마음은 생각보다 빨리 진정되었습니다. 녀석이 뱉은 말은 모두 내게 상처가 되었지만 그중 한마디는 유독 더했습니다.

"약속도 일방적으로 깨 놓고서."

나는 녀석의 그 말이 틀렸다고 부인할 수 없었습니다. 농구 약속은 누가 뭐래도 내가 일방적으로 깼으니까요. 『사람의 아들』을 집었습니다. 박물관에서나 볼 수 있게 된 세로쓰기 책이라는 사실이 내 가슴을 더 아프게 했습니다. 조심스럽게 책장을 한 장 넘겼습니다. '수상 소감: 내가 할 수 있는 것은 약속뿐이다.'라는 문장이 가장 먼저 눈에 들어왔습니다. 다른 것도 아니고 약속이라니, 나는 무거운 한숨을 내쉬고는 이어지는 글을 읽었습니다.

'오랫동안 사람들이 신(神)의 얘기를 하는 것을 듣지 못했다. 혹 하더라도 그들은 쑥스러운 듯 수군거려 말했고, 더러는 자기들의 은어(隱語)로만 얘기했다. 그래서 감히 내가 말했다. 목소리는 떨리고 얼굴은 달아오른다. 그러나 신은 우리의 영원한 명제(命題) 중의 하나다. 이제 남은 것은 오직 두려움뿐, 긴 밤 물어뜯을 부끄러움뿐.'

장중하고 관념적인 문어체 문장들 밑에 검은색 볼펜으로 쓴 글씨가 적혀 있었습니다. 문장이라고 부르기에는 우스운 글씨들이었지요.

'뭔 닭 대가리 씹는 소리냐?'

친구의 글씨였습니다. 인쇄된 것처럼 절도 있는 명조체로 쓰려고 제 딴에는 무척 노력했지만, 심히 흔들린 글씨는 친구의 노력이 헛되었음을 숨기지도 않고 드러냈지요. 깊은 한숨을 두어 번 토해 내고서야 한 장 한 장 책장을 넘길 수 있었습니다. 친구가 쓴 글씨가 더 있나 하고 꼼꼼히 살피며 느릿느릿 책장을 넘겼습니다. 친구의 글씨는 42쪽에 가서야 다시 등장했습니다.

'씨벌, 뭔 소린지 하나도 모르겠다. 하여간 꼰대들은 맨날 이런 책만 권한다니까. 우리 아빠가 그러는데 『호밀밭의 파수꾼』이란 책이 아주 끝내준단다. 우리, 그거나 한번 읽어 보자. 그 책은 니가 사서 줘라.'

나는 입술을 깨물었습니다. 입술을 꼭 깨물고는 아무렇지도 않은 사람처럼 계속해서 책장을 넘겼습니다. 그것이 전부였습니다. 친구가 남긴 흔적은 책 전체를 통틀어 오직 그뿐이었습니다. 친구는 42쪽을 마지막으로 더 이상 책을 읽지 않은 것이 분명합니다. 다시 42쪽을 펼쳤습니다. 친구가 남긴 글씨 아래의 문장들을 눈으로 읽었습니다.

'그들을 방문하기 위해 머나먼 길을 걸은 토마 종도(從徒)며, 그들의 유해를 찾기 위해 그토록 힘쓴 성(聖) 헬레나, 그리고 애써 찾기는 했지만 정말로 그들의 것인지 확실하지도 않은 그 유해를 쾰른의 대성당으로 옮기느라 수고를 아끼지 않은 프리드리히 바르바로사도, Sancta simplitas(신성한 단순)!'

이번에는 41쪽을 보았습니다. '금욕주의자 아리우스가 굴욕적

인 출교(出敎) 처분을 받고 엄숙하면서도 충성스러웠던 종 네스토리우스를 유형(流刑)의 피로로 쓰러지게 만들었다.'

역시 만만치 않은 문장이었습니다. 나도 모르게 웃음이 나왔습니다. 41쪽의 알프스 산맥을 넘어 42쪽의 히말라야 산맥까지, 산소도 없이 낑낑대며 읽어 나갔을 친구를 생각하니 저절로 웃음이 나오더군요. 아리우스와 네스토리우스라는 강력한 눈보라에 핍박받다가 마침내 깊고 깊은 크레바스인 "바르바로사도, Sancta simplitas(신성한 단순)"에 이르러 전진을 포기하고 두 손을 들었을 친구를 생각하니 도저히 웃음을 멈출 수가 없었지요. 그러나 그 웃음은 실은 웃음이 아니기도 했습니다. 나는 이제야 그 오래전 친구가 내게 했던 질문의 의미를 깨달았습니다. 책을 건네고 며칠 후에 내게 또 할 말 없느냐고 물었던 까닭을 말입니다. 나는 친구에게 『호밀밭의 파수꾼』을 선물하지 못했습니다. 『사람의 아들』을 펼쳐 보지도 않았으니 선물하려야 할 수도 없었지요. 웃으며 43쪽을 읽었습니다. 웃으면서, 친구는 도달하지 못했을 문장들을 소리 내어 읽었습니다.

"그러나 영겁(永劫)을 탈 불기둥과 뜨거운 용암호(熔岩湖)도, 태양을 꺼 버릴 얼음의 바다와 아슈르바니팔의 채찍보다 더 따가운 태형(笞刑)의 지옥도, 우레와 벽력의 천군(天軍), 헤테 사람들의 병기보다 더 날카로운 스펜타마이유의 칼날과 천년을 묶어 둘 금강(金剛)의 사슬도 아무런 위협이 못 되는 듯 그 별은 아침 해가 환히 떠오를 때까지 사라지지 않았다."

나는 책을 덮었습니다. 책을 덮고도 계속해서 웃었습니다. 웃을 일도 아닌데 미친놈처럼 한참을 더 웃었습니다. 그러다 마침내 웃음을 멈추고 눈물을 흘렸습니다. 아무 의미도 없는, 너무도 뒤늦은 눈물만 끝없이 흘렸습니다.

*

그래서 나는 단 한 줄의 글도 쓰지 못했습니다. 글을 쓰지 않은, 아니 쓸 수 없었던 열흘 동안 나는 영화만 보고 또 보았습니다. 「어바웃 어 보이」와 「굿 윌 헌팅」과 「파인딩 포레스터」를 번갈아 말이지요. 그 철 지난 영화들이 내 머리 위에 강림해 신묘한 계시라도 내려 줄 천사라도 되는 양 그저 보고 또 보았습니다. 계시를 받았느냐고요? 계시 대신 한 가지 가슴 아픈 깨달음은 얻었지요.

생각해 보니 나는 친구에게 사과한 적이 없었습니다. 지난 기억을 다 뒤졌지만 어디에도 사과는 존재하지 않더군요. 친구와의 약속을 어기고 K와 짝을 했을 때, 나는 K와의 약속이 있으니 어쩔 수 없다고만 생각했습니다. 그러니 사과는 생각도 안 했지요. 『사람의 아들』 또한 마찬가지입니다. 나는 그 책을 펼쳐 보지도 않았으니 『호밀밭의 파수꾼』을 함께 읽자는 친구의 비밀스러운 계획에 대해서는 아예 짐작도 하지 못했지요. 그러므로 그때도 사과는 내 머릿속에 존재하지 않았습니다. 조카 녀석은 차가운 한 문장으로 못난 나를 정리해 주었습니다.

"그 친구는 삼촌 때문에 죽은 거야."

후회와 자책에 사로잡힌 나를 구한 건 지난 새벽에 찾아 읽은 짧은 글 한 편입니다.

젊었을 적 내게는 이윤영밖에 없었다.

이윤영이 죽었다.

이제 세상에는 친구가 없게 되었다.

기쁘고 슬프고 놀랍고 우습고 답답하고 안타까운 일들을 만날 때마다 이윤영을 생각했다.

그를 생각할 때마다 슬프고 부끄러웠다.

더 이상 내게 충고해 주는 사람이 없는 것이 슬펐다.

그를 많이 실망시킨 것이 부끄러웠다.

정조 시절을 풍미한 정치가 김종수의 글입니다. 이 글을 반복해 읽으며 깨달았습니다. 친구는 내게 이윤영이었습니다. 친구는 내게 충고 따위 하지 않았지만 그래도 내게는 이윤영이었습니다. 김종수의 이윤영과 하나도 닮지 않았지만 내 머릿속에서의 친구는 나의 이윤영입니다. 이제 어떻게 해야 할까요?

'우정 지속의 법칙'을 끝내야 한다는 것, 그 하나만을 확실하게 깨달았습니다.

그리하여 친구를 비롯한 가까운 이들, 그리고 조카 녀석을 많이도 실망시킨 나는 '우정 지속의 법칙'에 또 다른 법칙을 보탭니다. 친구에게는 한 번도 하지 못했던 고백이 알려 준 교훈을 말입니다.

그것은 바로 '잘못을 인정하자'입니다.

잘 못 을 알 려 주 자

　이제야 강변을 거닐며 구상했던 또 다른 '우정 지속의 법칙'에
대해 쓸 수 있겠습니다. '잘못을 알려 주자'라는 법칙입니다. 원래
는 일곱 번째 법칙으로 구상했던 것이지만 나는 '7-2'로 표기했습
니다. 그 이유는 독자들도 짐작할 수 있겠지요. 남의 잘못을 지적
하려면 자신의 잘못부터 인정해야 합니다. 반성은 하지도 않고 비
판만 하는 것은 우정의 정신이 아니니까요. 그래서 '잘못을 인정
하자' 뒤에야 나오는 이 법칙은 박지원의 거침없는 사례로 시작하
겠습니다.

　박지원에게 백동수는 의미 깊은 친구였습니다. 백동수 덕분에

그 유명한 '연암'이라는 호를 얻게 되었으니까요. 박지원은 한때 정조의 측근이었던 홍국영의 미움을 샀습니다. 그래서 서울을 떠나 있어야 했는데 그때 백동수의 안내를 받아 발견한 곳이 연암협입니다. 그곳에 칩거했던 박지원은 아예 자신의 호도 연암이라고 바꿨지요.

그러나 지금 말하고자 하는 것은 호에 얽힌 사연이 아니라 볼기에 얽힌 사연입니다.

은거를 마친 박지원이 다시 서울 집으로 돌아와 머물던 어느 날 밤 백동수가 찾아왔습니다. 친구들이 그러하듯 약속도 하지 않고 불쑥 들이닥쳤지요. 잔뜩 취해 온 백동수는 술을 마시고 또 마시면서 술주정을 부렸습니다. 가까운 친구인 박지원 앞에서 그때까지 참았던 술주정을 마음껏 부렸습니다. 겉으로는 이 말 저 말 하고 있었으나 그 근원은 한 가지였지요.

"서얼로 태어난 서러움을 참지 못하겠소."

박지원은 백동수의 술주정을 받아 주었습니다. 친구의 답답한 마음을 알기에 묵묵히 다 받아 주었지요. 그런데 그날따라 술주정이 끝날 줄을 모르는 겁니다. 견디다 못한 박지원은 옆에 있던 판자 하나를 들어 보이며 말했습니다.

"자네 소행이 무례하니 볼기를 좀 때려야겠다."

백동수는 웃음을 터뜨렸습니다. 박지원의 농담이 꽤 재미있다 생각했겠지요. 술을 먹다 갑자기 친구의 볼기를 때린다 말하니 당연히 그리 여겼을 것입니다. 농담을 즐기는 박지원이었지만 그 말은 결코 농담이 아니었습니다. 박지원은 백동수를 완력으로 잡아 눕히고는 볼기를 때렸습니다. 말타기와 활쏘기에 능숙하고 담력과 지략으로 세인들의 칭송을 받는 백동수를 힘으로 제압하고는 볼기를 열 대나 말입니다. 볼기를 맞는 내내 백동수는 박지원을 쳐다보았고 박지원도 그 눈길을 피하지 않았습니다.

그날 이후 백동수는 술에 취한 채로 박지원에게 가지 않았습니다. 백동수가 박지원을 만날 때에는 언제나 제정신이었지요. 백동수는 사람들에게 이렇게 말하고 다녔다고 전해집니다.

"언젠가 내가 연암공에게 책망을 들은 적이 있습니다."

박지원에게 백동수는 의미 깊은 친구였습니다. 그런 존재가 아니었다면 볼기를 때리지는 않았겠지요. 의미 깊은 친구였기에 볼기를 때리고 쓴소리를 아끼지 않은 것이지요. 우정이 어떤 방식으로 지속되는지를 잘 알기에 한 행동입니다. 이러한 사례는 꽤 많습니다. 박지원처럼 볼기를 때린 건 아니지만 잘 뜯어보면 실은 더 깐깐한 사례를 소개하겠습니다.

조진구가 역병에 걸렸다는 소식을 들은 후부터 남공철은 노심초사했습니다. 밥도 제대로 못 먹었고, 잠도 제대로 못 이루었지요. 숟가락을 들었다가도 한숨을 내뱉으며 다시 놓았고, 자리에 누윘다가도 신음을 내뱉으며 다시 일어났습니다.

노심초사가 깊디깊어져 아예 그 노심초사에 파묻힐 지경이 되었을 즈음 편지가 왔습니다. 역병에 걸렸다던 조진구에게서 온 편지였지요. 서둘러 겉봉을 뜯고 편지를 읽었습니다. 좋은 소식이 가장 먼저 눈에 들어왔습니다. 조진구가 점차 회복하고 있다는 소식이었습니다. 남공철은 안도의 한숨을 내쉰 후 다시 편지를 읽었습니다. 기쁨으로 가득했던 남공철의 얼굴이 점차 어두워졌습니다. 안도의 한숨이 아닌 근심 어린 한숨도 다시 새어 나왔지요. 남공철은 편지를 한 번 더 읽은 후 아주 잠깐 망설이다가 붓을 들었습니다. 이제 막 역병에서 회복하고 있다는 친구에게 편지를 썼습니다.

친구가 귀한 이유가 무엇이겠습니까? 작은 재주나 사소한 일이라도 도에 맞지 않으면 말해 주고 격려해야 하기 때문 아니겠습니까?

편지를 읽어 보았습니다. 글자의 획이 잘못된 것들이 무척 많았습니다. 서명 또한 꼭 무슨 사물을 본떠서 쓴 듯이 되어 있었습니다. 물론 기이한 것을 좋아해서 일부러 그랬으리라 생각하지는 않습니다. 우연히 그랬겠지요. 그래도 이렇게 말하렵니다. 군자는 일상을 중시하지, 기이함을 숭상하지는 않습니다. 『중용』에도 나오니 그 정도는 잘 알고 있을 테지요. 그럼에도 그렇게 하기를 힘쓰지 않는 이유는 도대체 무엇입니까?

박지원보다 못하다는 말은 취소해야겠습니다. 중병에서 막 회복한 친구에게 남공철은 그야말로 인정사정없이 매를 듭니다. 친구의 잘못을 그냥 봐주지 않겠다는 다짐이 편지에 가득하지요. 남공철이 모질기만 하고 아무에게나 비판을 서슴지 않는 사람이냐하면 그렇지는 않습니다. 남공철에게는 최북이라는 괴짜 친구가 있었습니다. 어느 날 남공철이 외출한 사이 최북이 다녀갔습니다. 곱게 다녀가지는 않았고, 한바탕 난동을 부렸지요. 종들에게서 그소식을 듣기도 했고 현장을 일부 보기도 한 남공철은 최북에게 편지를 썼습니다.

아침에 남대문을 다녀왔습니다. 그대가 왔다가 그냥 돌아갔다는 이야기를 들었습니다. 무척 섭섭했지요. 하인들이 와서 그대가 저지른 일을 고했습니다. 술에 잔뜩 취한 그대가 책장으로 다가갔다고 하더군요. 책장으로 다가가 책들을 모조리 뽑아 버렸다고 하더군요. 고래고래 소리를 질러 댔다고 하더군요. 속에 있는 것을 모두 토해 냈다고 하더군요. 하인들의 부축을 받고서야 밖으로 나갔다고 하더군요. 내 궁금한 것은 다만 한 가지입니다.

혹 그대가 길거리에 쓰러져 다친 건 아닌가 하는 그 한 가지입니다.

남공철은 최북이 왜 그런 행동을 하는지 잘 알고 있었습니다. 뛰어난 재능을 가졌으면서도 워낙 신분이 미천해 제대로 된 대우를 못 받는 울분이 가끔씩 욱하는 행동으로 표출된다는 사실을 말입니다. 그랬기에 따뜻한 말로 다독인 것이지요. 그렇다면 조진구는 왜 그토록 냉정하게 비판했을까요? 삶의 대한 자세 때문이 아닐까 짐작해 봅니다. 최북은 불우한 삶을 살면서도 치열하게 그림을 그렸습니다. 하지만 때로는 자신을 둘러싸고 있는 제약이 견딜 수 없어 난폭함을 표출한 것입니다. 그에 반해 조진구는 선비였지요. 죽을 위기를 넘긴 것은 다행스럽지만 선비이면서도 글자 하나 제대로 쓰지 못한다는 것은 그의 삶이 치열하지 않다는 증거입니다. 남공철은 그 점을 알았기에 최북에게는 애정을 주고, 조진구에게는 비판을 가했던 것입니다.

남공철의 편지를 받은 조진구는 어떤 반응을 보였을까요? 내가 가진 사료는 조진구의 반응을 이야기해 주지 않습니다. 그래서 다른 사례를 찾아보았습니다. 비판으로 가득한 친구의 편지가 그 편지를 받은 이에게 어떤 영향을 미쳤는지 알려 주는 사례이지요. 바로 김득신의 사례입니다.

술을 마시면 입을 다물지 못하는 사람이 있습니다. 독서광으로 널리 알려진 김득신이 그랬지요. 술을 마시면 말이 많아지는 사람이 그렇듯 김득신 또한 자신의 술버릇을 알지 못했습니다. 그 사실을 알려 준 이는 박중구였습니다.

"술을 마시는 걸 뭐라 하진 않겠네. 다만 말은 좀 줄이게."

"명심하겠네."

대개의 버릇이 그렇듯 김득신의 버릇 또한 알겠다는 말만으로 바뀌지는 않았지요. 김득신의 술버릇이 여전하다는 소문은 종내 박중구의 귀에까지 들어갔습니다. 박중구는 김득신에게 편지를 썼습니다. 한 번도, 두 번도, 세 번도 아니고, 네 번이나 말입니다. 거머리처럼 끈질기게 쓰고, 쓰고, 또 썼습니다. 이 편지를 받은 김득신은 어떤 반응을 보였을까요?

박중구의 잔소리로 가득 찬 편지를 네 번 연속 받은 김득신은 자신의 집에 '취묵당(醉默堂)'이라는 이름을 붙이고 그 유래를 글로 썼습니다.

박중구가 네 번이나 편지를 보냈다. 술을 마시면 입을 다물지 않는다는 지적을 네 번이나 했다. 그 말에 따라 당호를 취묵당이라 붙였다. 술에 취했을 때에도 입은 다물겠다는 뜻을 잊지 않으려 한 것이다. 만약 취해서도 입을 다물고 깨어나서도 망령된 말을 하지 않아 몸이 재앙을 피할 수 있다면 이는 박중구 덕분이다.

김득신은 취묵당에서 책을 읽었습니다. 한쪽에 '억만재(億萬齋)'라는 서재를 만들고 계속해서 책을 읽었습니다. 책을 읽고 또 읽은 후에는 읽은 내용을 글로 썼지요. 『사기』의 「백이전」은 1억 번 이상을, 『중용』의 서문은 2만 번을, 당나라 문인 한유의 글들은 1만 3천 번을 읽었다고 합니다.

몇 해 뒤 잔소리꾼인 박중구가 죽었습니다. 그런데 박중구가 죽기 며칠 전부터 김득신은 마음이 편치 않았습니다. 불길한 꿈 때문이었지요. 내용은 기억할 수 없으나 깨어난 뒤에도 불길함이 좀처럼 잊히지 않는 꿈이었습니다. 꿈을 꾸고 닷새 후에 박중구가 죽었다는 부음이 왔습니다. 김득신은 서른 수의 장시로 박중구의 죽음을 애도했습니다. 그릇된 버릇을 지적해서 자신을 새로운 사람으로 만들어 준 박중구의 죽음을 눈물로 애도했습니다. 김득신의 사례를 통해 나는 조진구 또한 남공철에게 반성의 편지를 보냈으리라 추정해 봅니다. 남공철의 친구라면 분명히 그랬을 것만 같습니다.

*

멋진 이야기들입니다. 친구에게 쓴소리를 아끼지 않는 이들도 대단하고, 친구의 쓴소리를 고깝게 듣지 않고 온몸으로 받아들여 반성하는 이들도 대단하지요. 이 대목에서 나는 친구를 생각합니다. 친구는 왜 내게 쓴소리를 하지 않았던 걸까요? '우정 지속의 법칙'을 쓰면서 나는 친구에게 생각보다 훨씬 많은 잘못을 저질렀다는 사실을 새삼 깨닫게 되었습니다. 앞서 이야기한 '지키지 못한 약속'과 '상대를 무시하는 버릇'은 내 수많은 잘못 중 극히 일부에 불과합니다.(나머지는 차마 쓸 수 없는 치졸한 것들이지요.) 그런데 아무리 생각해 보아도 친구는 그런 나에게 뭐라 충고한 적이 없습니다. 가끔 다투기는 했지요. 하지만 그것은 농구나 바둑 등 놀 때뿐이었고 그 밖의 영역에서는 거의 다툰 적이 없습니다. 친구는 왜 내게 쓴소리를 하지 않았던 걸까요? 왜 내 잘못을 콕 집어 지적하지 않았던 걸까요? 물론 나 또한 할 말이 없기는 합니다. 중학교 3학년이 되어 다시 만난 친구, 전과는 다르게 노는 아이로 변해 버린 친구에게 나는 단 한 마디의 충고와 비판도 하지 못했으니까요. 화장실에서 담배 피우는 걸 보고도, 수업 시간 내내 엎드려 자는 모습을 보고도, 쉬는 시간이면 뒷자리 아이들과 어울려 험한 말을 주고받는 걸 보고도 나는 단 한 마디조차 하지 않았습니다. 나는 마치 세상에서 가장 아량이 넓은 사람이라도 되는 것처럼 친구의 행동을 못 본 척했습니다. 그런 면에서 나는 윌의 친구 처키보다도 못합니다.

「굿 윌 헌팅」에 등장하는 윌의 친구 처키는 어떠했을까요? 뛰어난 재능에도 불구하고, 그 재능을 주위 사람들에게 상처 입히는 수단으로만 여기며 살던 윌에게 처키는 도대체 뭐라고 했을까요? 철거 현장에서 함께 일하던 어느 날, 윌은 처키에게 자기 마음을 털어놓습니다.

"난 평생 여기 있을 작정이야. 늙어 가도록 친구들과 놀면서 지낼 생각이야."

윌의 말은 진심이었을 것입니다. 숀 맥과이어 교수가 영혼의 짝이 있는지 생각해 보라고 했을 때 가장 먼저 떠올린 친구가 바로 처키였으니까요. 셰익스피어, 괴테, 니체——윌이 훑어보는 책의 저자들인——를 언급하면 '걔들이 누구냐? 헛소리 그만해.'라고 대꾸할 게 뻔한 처키를 영혼의 짝으로 꼽은 것은 바로 윌이었으니까요. 어쩌면 감격적일 수도 있는 윌의 말을 들은 처키는 뭐라고 했을까요? '좋지. 친구 좋다는 게 뭐냐? 평생 같이 놀자.' 하고 선뜻 대답했을까요?

그렇지 않습니다. 배운 것 하나 없고, 아무리 시간이 남아돌아도 셰익스피어, 괴테, 니체의 책은 절대로 읽을 리 없는 단순 무식한 처키는 정색하고 대꾸합니다.

"정신 차려. 넌 여기 머물러서는 안 돼. 이십 년 후에도 여기서 노무자로 살면서 비디오나 보고 시간을 때운다면 널 죽여 버릴 거야."

처키에게 윌은 별 의미가 없는 친구라 이렇게 말했을까요? 그렇지 않습니다. 윌이 처키를 영혼의 짝으로 여기듯 처키 또한 윌을 귀한 친구로 여겼습니다. 윌의 생일 선물로 자신이 수리한 차를 주었을 만큼요. 그랬기에 처키는 윌 자신보다도 윌에 대해 잘 알았습니다. 처키가 보기에 늙어 가도록 친구들과 놀겠다는 윌의 말은 진심이 아니었습니다. 윌은 그저 상처를 핑계로 세상에서 도피하고 있을 뿐이었지요. 처키는 그 사실을 잘 알기에 따끔하게 충고한 것입니다. 좋지, 하는 대답을 기대하며 위안을 받으려 했던 윌에게

정신을 번쩍 들게 만드는 돌직구를 던진 것입니다. 월이 정신을 차려서 자신의 꿈을 찾아 친구들의 곁을 떠나도록 일부러 험한 말을 한 것이지요. 가슴 아픈 비판을 던지기는 했지만 처키는 결국 월의 영혼의 친구입니다. 이어지는 '처키 최고의 날'에 대한 설명을 들으면 그 사실을 알 수 있습니다.

"매일 아침 너를 깨우고 너와 함께 놀고 취하는 것도 정말 좋아. 하지만 내 최고의 날은 이 골목에 들어서서 너의 집 문을 두드려도 아무런 대답이 없을 때야. 안녕이란 말도 남기지 않고 네가 떠나 버릴 바로 그날이란 말이야. 적어도 그 순간만큼은 난 정말 행복할 거야."

너무나도 아름다운 대사입니다. 친구가 떠나면 더 이상 함께 놀고 취할 수 없으니 우울하겠지만 적어도 그 순간만큼은 행복할 것이라는 대사에는 월을 향한 처키의 애정이 그야말로 담뿍 담겨 있습니다.

다시 내 친구를 떠올립니다. 내 친구는 왜 내게 쓴소리를 하지 않았던 걸까요? 내게 그러한 질문을 할 자격이 없다는 것은 충분히 알고 있습니다. 그럼에도 나는 그 질문을 계속해서 퍼붓지 않을 도리가 없습니다. 친구는 내게 왜, 도대체 왜 쓴소리를 단 한 번도 하지 않았을까요?

친구를 비난하는 것이냐고요? 아닙니다. 나를 비난하고 있는 것입니다. 친구에겐, 나를 무작정 아끼고 좋아해 준 친구에겐 잘못이 없습니다. 나는 아량이 넓은 사람이 아니라 무책임한 사람이었습니다. 친구에게 잘해 주는 사람이 아니라 상처만 주는 사람이었습니다. 그러고도 정작 비판해야 할 때는 입을 꼭 닫아 버린 채 제대로 된 말을 단 한 마디도 못 하는 사람이었습니다. 오늘날 내게 친구가 없는 것은 다 나의 잘못 때문입니다.

4장

지속 가능한 우정 – 오늘의 우정을 내일로

법칙 ❽ 모두가 외면할 때 손을 내밀자
법칙 ❾ 함께 가자
법칙 ❿ 함께하는 '지금'을 즐기자

모두가 외면할 때 손을 내밀자

『백사선생북천일록』이라는 책이 있습니다. '백사'는 앞서 등장했던 이항복의 또 다른 호이지요. 이항복은 예순이 넘은 나이에 당쟁에 얽혀 북청으로 유배를 떠나게 되었습니다. 이항복의 제자인 정충신은 유배 기간 내내 이항복을 수행하며 그때의 일들을 꼼꼼하게 기록으로 남겼는데,『백사선생북천일록』은 그것을 엮은 책입니다. 내 친구 K가 쓴 칼럼을 통해 정충신의 이야기를 처음 접했습니다.

이항복의 증손자 이세구는 두 사람의 인연을 다음과 같이 적고 있다.

"정충신 공은 본래 광주 정병(正兵)에 소속되어 있었으며 임진왜란 때는 나이 17세였다. 도원수인 권율이 선조께서 계신 의주의 임시 조정에 소식을 전달할 사람을 구했다. 공은 자원해서 장계를 가져가겠다고 요청하여 왜적의 진을 뚫고 의주로 갔다. 당시 증조부이신 문충공(이항복)께서는 군사 일을 맡고 계셨는데 정 공을 한 번 보고서는 뛰어난 인재임을 알았다. 그리하여 옆에 두고서 직접 보살펴 주었다. 글도 가르쳐 주니 선진 시대의 고문도 읽게 되었다."

정충신으로서는 평생 이항복을 스승으로 모실 이유가 충분했던 셈이다. 그러나 세상이 과연 그렇게 단순한 것인가 하는 의문이 한편에서 머리를 든다. 의리보다 반역과 실리가 판을 치기는 조선 시대라고 해서 다를 것이 없다. 이항복은 임진왜란 때 광해군이 이끄는 분조에서 활동했다. 하지만 이항복을 유배 보낸 이는 바로 광해군이다. 그렇기에 정충신의 돌쇠 같은 의리는 더욱 빛을 발한다. 그 의리를 남구만은 이렇게 표현한다.

"인간의 사악함과 정의, 세상인심의 부침, 무정한 세상인심, 사라지지 않는 공명정대한 논의, 죽어서는 영광, 살아서는 수치, 사람을 알아보는 지혜, 친구들이 인정해 준 사실에 대한 보답 등이 모두 다 이 책에 구비되어 있다. 후대에 태어난 군자는 이 책을 보면서 자기 자신이 어떻게 대처해야 할지를 능히 알 수 있을 것이다."

후대에 태어나긴 했으나 절대로 군자는 아닌 나는, 아니 그 시대에 태어났다 해도 절대로 군자가 될 수 없었을 나는 그저 감탄할 뿐입니다. 정충신의 '돌쇠 같은 의리'를 보며 그저 묵묵히 고개만 끄덕일 뿐입니다. 그때 정충신은 어떠한 상황에 처해 있었던가요? 그의 나이 이미 마흔을 훌쩍 넘겼을 때였습니다. 그는 한 집안의 가장이었고, 한 무리의 수장이었습니다. 그가 이항복을 수행하지 않는다고 뭐라 할 사람은 아무도 없었지요. 그런데도 그는 자신에게 소중했던 일상을 단번에 팽개치고, 돌아올 기약 없는 유배 길을 떠나는 스승을 따라간 것입니다. 나는 그런 정충신의 모습에서 또 다른 '우정 지속의 법칙'을 찾아냈습니다. 그것은 바로 '모두가 외면할 때 손을 내밀자'입니다.

*

'돌쇠 같은 의리'는 「어바웃 어 보이」의 윌에게서도 발견됩니다. 뜻밖이라고요? 맞습니다. 자신만의 천국인 이비사 섬을 꿈꾸는 윌과 돌쇠 같은 의리를 하나로 묶기는 결코 쉽지 않지요. 그러나 윌은 자신의 '친구'인 마커스를 위해 그야말로 돌쇠 같은 의리를 발휘합니다. 사건은 마커스가 교내 음악 페스티벌에서 「킬링 미 소프틀리」를 부르기로 결정하면서 시작됩니다. 로버타 플랙이 불렀던 「킬링 미 소프틀리」는 명곡입니다. 그러나 약간 과장해서 말하자면 명곡은 명곡이되, 송대관의 「쨍하고 해 뜰 날」의 부류에 속하지요. 지극히 낡은 느낌의 명곡이라는 뜻입니다.(음악 페스티벌의 이름은 바로 '키즈 록(Kids Rock)'입니다. 마커스의 노래를 들은 아이들이 비난과 야유를 보내는 이유를 이 이름만으로도 능히 짐작할 수 있지요.) 부모 세대에게는 명곡일 수 있으나 힙합과 랩을 일상적으로 즐기는 열두 살 아이들은 도통 이해하지 못할 정서를 담고 있는 곡이지요. 윌은 마커스가 엄마를 행복하게 해 주기 위해 이 곡을 골랐다는 사실을 뒤늦게야 알게 됩니다. 하지만 지금 마커스에게는 엄마의 행복이 문제가 아닙니다. 마커스가 그 곡을 불렀다간 말 그대로 학교에서 매장당할 테니까요. 마커스의 차례가 되자 윌은 무대 뒤로 갑니다. 마커스는 혼자입니다. 리코더를 불어 줄 아이를 돈 몇 푼에 매수했지만 그 아이조차 마지막 순간에 반주를 포기했거든요. 마커스와 함께 무대에 나섰다가는 자신 또한 매장당할 것이라고 깨달았기 때문이지요. 윌은 달랑 탬버린 하나 들고 무대로 나가려는 마커스를 만류합니다. 엄마의 행복이 아닌 너 자신의 행복을 생각하라며 그에게는 드문 엄숙한 말로 마커스를 설득하려 하지요. 마커스는 윌을 외면하고 무대에 나가 이렇게 말합니다.

"엄마에게 바치는 노래예요."

아이들의 웃음이 쏟아집니다. 마커스가 「킬링 미 소프틀리」를 부르기 시작하자 웃음소리는 더욱 커집니다. 웃음은 곧장 야유와 비난으로 바뀝니다. 마커스가 무덤 속으로 끌려 들어가 생매장되기 직전 놀라운 일이 일어납니다. 윌이 기타를 메고 무대에 등장한 것입니다. 이비사 섬에서 나오지 않으려 하던 철부지 윌이 말입니다. 아버지의 영향일까요? 윌의 기타 실력은 제법이고 노래도 들을 만합니다. 박수 치며 장단 맞추는 아이들까지 있을 정도이지요. 윌 덕분에 마커스는 간신히 생매장을 피하게 되었습니다!

윌이 취한 행동은 '모두가 외면할 때 손을 내밀자'라는 '우정 지속의 법칙'에 완벽하게 부합합니다. 그러나 이야기는 여기서 끝나지 않습니다. 어찌 된 일인지 둘의 공연이 그럭저럭 마무리된 후에도 윌은 노래와 연주를 멈추지 않습니다. 의아하게 여기던 아이들이 비난을 퍼붓기 시작하고 마커스마저도 이제 되었으니 그만하라고 말합니다. 그런데도 윌은 노래와 연주를 멈추지 않습니다. 결국 사태는 어디선가 날아온 테니스공이 윌의 머리를 정통으로 맞힌 후에야 끝납니다. 윌은 도대체 왜 노래와 연주를 멈추지 않았을까요? 소기의 목적을 달성했음에도 무대에 남은 이유는 도대체 무엇일까요?

나는 이렇게 생각합니다. 윌의 '기행'으로 아이들은 마커스의 노래를 완전히 잊었습니다. 윌에게 야유를 보내는 아이들의 행동에 동참하면서 마커스 또한 자신이 불렀던 노래를 완전히 잊었지요. 윌은 비난과 야유를 온몸으로 받았습니다. 살신성인이라는 사자성어가 절로 떠오르지요. 윌은 자신을 완전히 바쳐서 마커스를 구해 낸 것입니다. 그것이 쉬웠을까요? 그렇지는 않습니다. 다음은 그 장면에서 등장하는 윌의 독백입니다.

'난 눈을 감고 노래했다. 두려웠던 걸까? 난 꼼짝도 할 수 없었다. 이건 분명히 섬 생활은 아니다.'(월의 학창 시절이 어떠했는지를 알려 주는 의미심장한 대사이기도 합니다.)

「파인딩 포레스터」에도 비슷한 장면이 등장합니다. 앞서 나는 이렇게 썼습니다.

이제 자말의 앞날은 불투명합니다. 표절 혐의를 받았으니 어쩌면 더 이상 학교를 다닐 수 없을지도 모르지요. 포레스터와의 우정 또한 산산조각이 날지도 모르고요. 이 모든 것은 바로 '우정 지속의 법칙' 중 '약속을 꼭 지키자'라는 그리 어려워 보이지도 않는 법칙을 어긴 데서 비롯되었습니다.

집요한 크로포드는 자말을 쉽게 놓아주지 않습니다.
"왜 하필 윌리엄 포레스터냐? 너에게도 사정은 있겠지. 말해 보아라. 정상은 참작해 줄 테니."
자말은 고민합니다. 냉정하고 원칙에 충실한 선생 크로포드는 지금 협박하고 있는 게 아닙니다. 마땅한 이유도 없이 표절했다고 인정해 버리면 교칙에 따라 학교를 그만두어야 합니다. 자말의 미래는 말 그대로 산산조각이 나 버리는 것이지요. 그럼에도 자말은 변명하지 않습니다. 사실은 자신이 포레스터로부터 직접 글쓰기를 배웠다고 말하면 그만인데, 그 간단한 말을 끝내 하지 않습니다. 왜 그랬을까요?

포레스터와의 첫 번째 약속, '비밀을 간직할 것, 이 집에서 일어난 일은 누구에게도 말하지 말 것'을 떠올렸기 때문입니다. 그러고 보면 자말은 '약속을 꼭 지키자'라는 '우정 지속의 법칙'을 완전히 어긴 것은 아닙니다. 두 가지 약속 중 하나만을 어겼지요. 자말은 하나의 약속을 어기고서야 깨달은 것입니다. 자신에게 닥친 시련은 결국 약속을 어긴 데서 비롯되었다는 사실을 말입니다. 그랬기에 자말은 끝내 변명하지 않습니다. 약속을 어긴 자신이 부끄러웠고, 더 이상 부끄러움 속에서 살고 싶지 않았기에 절체절명의 위기에서도 또 다른 약속만은 꼭 지키리라 결심하며 끝내 변명하지 않았던 것입니다.

다음 날, 학교에서는 작문 대회가 열립니다. 작문 대회가 끝나면 자말의 학교생활도 끝입니다. 바로 그 순간 포레스터가 현장에 나타납니다. 세상에 등을 돌리고 은둔하던 유명 작가 포레스터가 일개 고등학교의 작문 대회에 모습을 드러냅니다. 그가 누구인지 모르는 학생들에게 포레스터는 교실 뒤편에 걸려 있는 사진 — 전설적인 작가들의 사진입니다 — 을 가리키며 말합니다.

"저기 걸려 있는 사람이지요."

학생들과 교사들의 경악을 뒤로하고(가장 놀란 사람은 물론 크로포드입니다.) 포레스터는 자신이 준비한 글을 읽습니다. "가족을 잃으면 가족의 의미를 알게 됩니다."로 시작하는 글이지요. 다른 사람도 아닌 포레스터의 글입니다. 게다가 직접 낭독하는 글입니다. 모두가 넋을 읽고 빠져들었지요. 낭독이 끝나자 박수갈채가 쏟아졌고, 포레스터가 화답했습니다.

"이것은 내가 쓴 글이 아닙니다. 내 친구가 쓴 글인데 읽을 수 없는 상황이 되었기에 내가 대신 읽은 겁니다. 그 친구는 날 지켜 주었습니다. 나와 나눈 약속을 지켰습니다. 그 친구의 이름은 자말입니다."

포레스터는 은둔자입니다. 세상에 등을 돌리고 자신만의 성에서 살았지요. 그런 은둔자가 모두가 외면한 자말, 위기의 자말에게 손을 내민 것입니다. 그 이유가 뭘까요? 포레스터의 한마디가 뜨거운 감동을 선사합니다.

"나는 '친구라는 우정의 선물'을 받았습니다."

그렇습니다. 둘이 함께 한 것은 글쓰기 수업이 아니라 우정의 수업이었습니다. 그 우정의 소중함을 알았기에 포레스터는 '친구'를 구하려고 오랜 은둔을 포기한 것입니다.

*

중학교 3학년 여름 방학을 마친 후 우리 반에는 끔찍한 정례 행사가 하나 생겨났습니다. 어느 날 종례를 마친 선생님이 친구를 앞으로 나오라고 했습니다. 선생님은 교탁을 뒤로 밀어 생긴 공간에 친구를 엎드려뻗치게 했습니다. 그냥 하는 것도 아니고 주먹을 쥐고 말입니다. 그런 뒤 굵은 몽둥이를 들고는 친구의 허벅지를 때렸습니다. 교실 안은 조용했습니다. 몽둥이가 살을 때리는 둔탁한 소리만이 울렸습니다. 다음 날도, 그다음 날도 몽둥이질은 계속 이어졌습니다. 몽둥이질은 때로는 서너 대로 끝났고 때로는 두 자릿수에 도달하고서야 끝났습니다. 그 끔찍한 정례 행사는 이 주 가까이 이어진 후에야 멈추었습니다.

선생님을 분노하게 만든 것은 내 친구의 '결심'이었습니다. 학교를 그만두겠다는 결심이었지요. 친구가 언제 그 결심을 선생님에게 전했는지는 모릅니다. 몽둥이질을 하면서 내뱉은 선생님의 말—이라기보다는 욕—을 듣고서야 나는 친구의 결심을 알게 되었습니다. 선생님은 친구의 희망을 들어주지 않았습니다. 친구에게 지나치게 따뜻하고 거친 훈육을 한 후에는 지루한 훈시가 이어졌지요. 꽤 긴 얘기였지만 요점은 간단합니다.

"너희가 사람이라면 최소한 중학교는 졸업해야 한다. 그 뒤에 뭘 하건 내가 상관하지는 않겠다. 하지만 사회에 나가서 사람 구실이라도 하려면 최소한 중학교는 졸업해야 한단 말이다."

그러니까 선생님은 친구를 사람으로 만들기 위해 모든 아이들이 지켜보는 가운데 몽둥이질을 했던 것입니다.(친구의 부모님이 그런 상황을 알고 있었는지는 모르겠습니다. 상황이 상황인 만큼 암묵적인 동의는 있었으리라 추측해 봅니다.) 애정 어린(?) 몽둥이질은 절반은 성공하고 절반은 실패했습니다. 친구는 결국 고집을 꺾고 학교를 계속 다녔지만, 졸업하는 데는 실패했으니까요.

그런데 그 이 주 동안 나는 무엇을 했을까요? 친구를 잘 볼 수 있는 앞자리에 앉아 있던 나는 무엇을 했을까요? 끔찍한 공포와 함께 가슴 아픈 연민을 느꼈습니다. 잔뜩 겁에 질린 나는 '이제 좀 그만했으면.' 하는 문장을 속으로 수도 없이 반복했습니다. 친구의 엉덩이가 출렁일 때마다 나도 통증을 느꼈습니다. 하나 그게 전부였지요. 고개 숙이고 자리로 돌아가는 친구를 위로한 적도 없고, 도대체 왜 학교를 그만두려 하는 거냐고 묻지도 않았습니다. 나는 친구에게 손을 내밀지 않았습니다.

앞서 나는 친구가 내 등을 치며 "인생은 시합 아니겠어? 나랑 농구나 한번 할까?" 하고 말했다고 했습니다. 나는 하고 싶지만 학원을 가야 한다고 대꾸했다고 했지요. 껄렁대는 말 뒤에 붙인 진심, 그러니까 농구나 한번 하자는 그 말은 사실상 친구가 나를 '불쑥 찾아온 것'이나 마찬가지였습니다. 마커스가 불쑥 윌의 문을 두드린 것이나 마찬가지였지요. 윌은 문을 열었지만 나는 문을 열지 않았습니다. 박지원은 따뜻한 밥으로 박제가를 환대했지만 나는 이유도 궁색한 냉랭한 거절로 친구를 내쫓아 버렸습니다.(그러니까 나는 거절의 전문가인 셈입니다!) 그때 친구가 지었던 묘한 표정이 떠올라 내 가슴을 마구 때립니다.

그것이 전부가 아닙니다. 남은 이야기가 하나 더 있거든요. 거절의 그날, 늦은 밤까지 학원 의자를 데우고 나온 나는 곧장 집으로 가지 않았습니다. 친구의 집을 찾아갔지요. 한때 내 집처럼 드나들었던 친구의 집 앞에 서서 한참을 망설였습니다. 창살문 사이로 불빛이 보였습니다. 친구의 목소리도 들리는 것 같았지요. 실제인지 환청인지 구분이 되지 않았습니다. 한참을 망설이던 나는 결국 친구의 이름 한 번 불러 보지 못하고 되돌아왔습니다. 나는 불쑥 찾아온 친구를 내쫓은 것도 모자라 불쑥 찾아가 놓고도 그냥 되돌아와 버렸던 것입니다. 그날의 달은 어떠했던가요? 바람은 불었던가요? 날은 추웠던가요? 하나도 기억나지 않습니다. 기억나는 것은 그저 아무것도 아닌 척, 아무 일도 없는 척 입술을 깨물고 돌아오느라 애꿎은 피만 보았다는 사실입니다.(나중에 나는 이날의 경험을 바탕으로 소설을 한 편 썼습니다. 그 내용은 이러합니다. 어른이 된 나는 친구의 집을 찾아갑니다. 나는 친구의 부모님과 함께 식탁에 앉아 밥을 먹지요. 친구의 엄마는 잠깐 눈물을 보이고, 나 또한 눈물을 감추지 못합니다. 친구의 아빠는 친구에게 그리했듯이 내 등을 어루만집니다. 식사를 마친 후 나와 친구의 부모님은 밖으로 나가 작은 연못가에 둘러앉습니다. 친구의 아빠는 친구가 저 안에 있다고 말합니다. 친구의 뼛가루를 연못에 뿌렸으니 친구는 다른 곳이 아닌 저 안에 있다고 말입니다. 나는 말없이 연못을 봅니다. 진눈깨비 —— 조동진과 기형도가 언급했던 그 진눈깨비 —— 가 내리기 시작합니다. 나는 진눈깨비를 피할 생각도 않고 그저 말

없이 연못을 봅니다. 잠시 후 친구의 엄마가 사라집니다. 아빠가 사라집니다. 집이 사라집니다. 남은 것은 나와 진눈깨비, 그리고 작은 물웅덩이뿐입니다.)

*

　내 거절의 또 다른 피해자인 조카 녀석을 이야기하지 않을 수 없습니다. 녀석은 무슨 이유에선지 안경을 새로 맞추지 않았습니다. 부러진 안경다리를 테이프로 둘둘 감고는 멀쩡한 척, 아무렇지도 않은 척 안경을 쓰고 다녔지요. 보다 못한 형수가 안경을 새로 맞추자고 말하는 걸 내 귀로 똑똑히 들었습니다. 그럼에도 녀석은 고개만 젓고는 여전히 그 흉한 안경을 고집하고 있습니다. 어쩌면 녀석은, 내게 시위를 하고 있는 건지도 모르지요. 내가 녀석의 부러진 안경다리를 볼 때마다 그 일을 떠올리며 죄책감에 시달리기를 원하는 건지도 모르지요. 그런 상황이니 나는 녀석과 농구도 하지 못했고 이야기도 나누지 못했습니다. 녀석의 방문을 열고 일방적으로 농구 약속을 어긴 것에 대해 사과하기는 했습니다. 녀석은 그저 문만 닫더군요. 최악의 상황인 셈이지만 녀석의 극단적인 반응을 통해 한편으로 다른 생각도 해 봅니다. 어쩌면 녀석은, 여전히 내 손길을 기다리고 있는지도 모르지요. 윌이 마커스에게 손을 뻗었듯, 포레스터가 자말에게 손을 뻗었듯 삼촌이 자신에게 손을 뻗기를 기다리고 있는 건지도 모르지요. 그러나 나는 아직 『사람의 아들』을 잊지 못했습니다. 그 책을 펼쳐 보지도 않은 채 창고에 처박아 두었던 냉정하고 무심한 나 자신을 아직 용서하지 못했습니다. 조카 녀석의 흉한 안경다리를 볼 때마다 『사람의 아들』이 떠오르고 명조체를 따라 쓰려 애쓴 친구의 글씨가 떠오릅니다. 매 맞는 친구를 보면서 단 한 번도 손을 뻗지 않고, 친구의 집 앞에서도 끝내 발걸음을 돌리고 만 씁쓸한 과거가 지치지도 않고 다시 떠오릅니다. 그래 놓고 얄팍한 소설들로 제 아픔만 치유하려 했던 씁쓸한 속내 또한 항상 함께 떠올라 나를 괴롭힙니다.

어쩌면 '우정 지속의 법칙'은 더 이상 쓸 수 없을지도 모르겠습니다. 글을 쓰면 쓸수록 내가 이 글을 쓴다는 사실 자체를 받아들이기가 어려워집니다. 나는 친구를 위해 아무것도 하지 않았고, 번번이 친구를 실망시켰습니다. 어쩌면 조카 녀석은 그 사실을 오래전부터 알고 있었는지도 모르지요.

함 께   가 자

아홉 번째 '우정 지속의 법칙'. '함께 가자'입니다.

임간과 임보는 형제였습니다. 한 어머니의 배 속에서 태어났지만 성향은 달랐지요. 임간은 몸이 약하고 책을 좋아했습니다. 임보는 힘이 좋고 책을 싫어했습니다. 가난한 집에 도움이 되는 쪽은 임보였습니다. 임보는 집안 살림을 도맡아 했습니다. 밭을 일구었고, 나무를 했고, 사냥과 낚시를 했지요. 임보가 있기에 노모는 굶주리지 않았습니다. 임보가 있기에 임간은 책을 읽을 수 있었습니다. 하지만 임보는 어려운 살림을 외면하고 책만 읽는 형이 탐탁지 않았습니다. 그래도 형이라며 꾹꾹 참기만 하던 임보는 어느 날 더 이상 참지 못하고 속내를 드러냅니다.

"책만 읽어서 도대체 어쩌자는 겁니까? 어머니에게 맛난 음식도 대접하고 춥지 않게 살펴 드리는 것이야말로 진정한 효도 아니겠습니까?"

임보는 임간이 아무 말도 하지 못할 줄 알았습니다. 그렇지 않았습니다. 임간은 반론을 제기했습니다.

"너는 참으로 효자 중의 효자이다. 하지만 책을 읽어야 더 나은 사람이 된다."

임보는 웃었습니다. 웃다가 화를 냈습니다.

"나더러 형 같은 사람이 되라는 겁니까? 지금 어머니를 굶겨 죽이자고 나한테 말하는 겁니까?"

임간은 한숨을 내쉬었습니다. 한숨을 쉬면서도 설득은 멈추지 않았습니다.

"네 말이 맞다. 네가 나와 같은 사람이 된다면 어머니는 굶주리다 돌아가실 것이다. 하지만 너는 나와 다르다. 나는 몸이 약해 두 가지 일을 한꺼번에 할 수 없다. 그래서 책을 읽는 것이다. 너는 몸이 튼튼하다. 그러므로 어머니를 봉양하면서도 책을 읽을 수 있다. 너는 나보다 훌륭한 자질을 지녔다. 그래서 너에게 자꾸 권하는 것이다. 너라면 할 수 있으니까. 나 같은 사람을 본받으라는 말이 아니다. 내 스승을 찾아뵙는 것은 어떻겠느냐? 그분에게 가르침을 받으면 너의 삶이 달라질 것이다."

임보는 단칼에 거절했습니다.

"형의 스승 따위에게는 관심 없소."

대화는 그것으로 끝이었지요. 하지만 임간은 그냥 물러나지 않았습니다. 그 후 며칠 동안 임간은 임보를 볼 때마다 책을 읽고 공부하라는 말을 했습니다. 견디다 못한 임보가 한발 물러났지요.

"형의 말에 일리가 없는 것은 아닙니다. 사람으로 태어났으니 책을 읽고 공부를 하기는 해야겠지요. 하지만 아직은 잘 모르겠습니다. 형이 나에게 책을 읽어 주고 그 내용을 설명해 주면 어떻겠습니까? 괜찮으면 형의 말을 따르겠지만 괜찮지 않으면 형이 나를 속인 거라 생각하겠습니다."

임간은 스승에게서 『소학』을 빌려 와 임보에게 읽어 주었습니다. 처음에는 시큰둥해하던 임보였지만 몇 장을 계속해서 읽어 주자 표정이 달라졌습니다. 임간은 거의 일주일 동안 임보를 쫓아다니며 책을 읽고 내용을 설명해 주었습니다. 그러기를 며칠 후, 임보가 형의 손을 꼭 잡고 말했습니다.

"정말 좋습니다. 형의 말을 듣지 않았더라면 평생을 잘못 살 뻔했습니다. 형은 저를 속이지 않았습니다."

그 뒤로 임보는 다른 사람이 되었습니다. 일을 마치고 돌아오면 책부터 펼쳤지요. 책을 읽고 또 읽은 후에는 임간의 스승을 찾아가 공부를 했고요.

몇 년 후 임보는 완전히 다른 사람이 되었습니다. 어머니를 봉양하면서도 책을 손에서 놓지 않았거든요. 행동 하나하나에 신중함이 깃든 사람이 되었습니다. 사람들은 임보를 '임소학'이라 부르기 시작했지요. 형인 임간도 이르지 못한 경지에 임보가 먼저 다다른 것입니다.

임간은 임소학이 된 동생을 어떻게 대했을까요? 칭찬했을까요, 부러워했을까요? 나는 그가 그저 흐뭇한 미소만 지었으리라 생각합니다. 임보에게 책을 권한 게 자신이란 말도 하지 않고, 스승에게 인도한 게 자신이란 말도 하지 않고, 그저 웃기만 했으리라 생각합니다. 둘이 '함께 가는 것'만으로도 임간은 더없는 행복을 느꼈을 테니까요.

*

임간과 임보 형제의 사례는 감동적입니다. 그러나 독자들의 마음은 그리 편하지만은 않을 것입니다. 더 이상 '우정 지속의 법칙'을 쓸 수 없노라고 잔뜩 엄살을 떨더니 바로 다음 장에 아무 일도 없었다는 듯이 떡하니 새로운 법칙을 내놓았으니 말입니다. 변명이 필요한 시점입니다. 하지만 이미 너무 많은 변명을 한 셈이니 이번에는 다만 이렇게 쓰렵니다. 여덟 번째 법칙과 아홉 번째 법칙 사이에는 다시 얼마간의 간격이 있다고 말입니다.

그 얼마간 나는 또다시 단 한 줄의 글도 쓰지 못했습니다. '어찌면'이 현실이 된 거지요. 이왕 시작한 글이니 아무리 부끄러워도 일단 끝내기는 해야겠다는 마음가짐으로 책상에 앉기를 여러 번입니다. 나를 위한 글이 아니라 친구를 위한 글이며, 내가 시작한 게 아니라 실은 친구가 시작하게 만든 글이라 생각하려 애쓰며 컴퓨터를 켜기도 여러 번이었지만 나는 끝내 단 한 줄도 쓰지 못했습니다. 파일을 열고 자판에 손을 올려놓기까지 했지만 단 한 줄의 글도 쓰지 못했습니다. 무슨 수를 써서라도 글을 이어 나가려 했지만 머릿속이 텅 비어 아무런 문장도 떠오르지 않더군요.

그러던 어느 날입니다. 글을 써서 피곤한 게 아니라 글을 쓰지 못해 피곤한 몸을 이끌고 강변에 나갔습니다. 곧 눈이 올 것만 같은 우중충한 하늘을 배경 삼아 터벅터벅 걷고 있는데 전화 한 통이 걸려 왔습니다. B출판사에서 걸려 온 전화였지요. 국내에서 손꼽히는 출판사의 편집자는 사근사근한 목소리로 내 이름을 확인한 뒤 내 원고를 책으로 내고 싶다고 했습니다. 나는 바보같이 이렇게 되물었습니다.

"'우정 지속의 법칙'을요?"

상대방의 "네?"라는 반문을 듣고서야 내 실수를 깨달았습니다. 편집자가 말하는 원고는 다른 출판사에서 좋은 말과 함께 반려받았던 원고였습니다. 혹시나 싶어 그 이후 출판사 몇 곳에 '투고' 형식으로 보냈던 것이지요. 그렇기는 하나 별다른 기대를 하지는 않았습니다. 한때 출판사에서 일했던 적도 있기에 '투고'한 원고가 '간택'되어 책으로 나오기란 하늘의 별 따기임을 누구보다도 잘 알고 있었으니까요. 그러나 마냥 손까지 놓고 있을 수는 없어서 밀져야 본전이라는 심정으로 보낸 원고에 드디어 응답이 온 것입니다. 전화를 끊자마자 나는 발걸음을 되돌렸습니다. 터벅터벅 걷던 걸음이 씩씩하게 바뀌었습니다. 집으로 돌아오면서 '우정 지속의 법칙' 중 하나인 '모두가 외면할 때 손을 내밀자'를 떠올렸습니다. 때론 내가 쓴 글이 현실처럼 다가올 때가 있습니다. 그때가 꼭 그랬지요. '모두가 외면할 때 손을 내밀자'라고 썼더니 거짓말처럼 출판사에서 연락이 온 것입니다. 비 안 온다고 왕 탓을 했던 조선 관리들과 하나도 다를 바 없는 억지라는 것을 알면서도 좀처럼 그 생각을 지울 수 없었습니다.

전화 한 통에 그간의 수심을 모두 지웠습니다. 이제 다시 글을 쓸 수 있을 것만 같았지요. 때로 지나칠 정도로 단순하고 명쾌한 나는 그때까지의 고통도 잊은 채 오래간만에 즐거운 기분으로 집에 돌아왔습니다. 조카 녀석과 제일 먼저 마주쳤습니다. 나는 녀석과의 앙금 또한 완전히 잊어버리고 "삼촌의 열 번째 책, 곧 나올 거다."라고 잔뜩 부풀려 말했습니다.(편집자는 책으로 내고 싶다고 했지, '곧바로' 내고 싶다고 하지는 않았는데도요.) 조카 녀석은 잠시 나를 쳐다보더니 아무 말도 하지 않고 제 방으로 들어가 버리더군요. 하지만 나는 그 길지 않은 순간에 녀석의 입이 살짝 벌어지고 얼굴이 굳어지는 것을 보았습니다. 녀석은 거짓말을 못합니다. 녀석은 거짓말을 할 때면 절로 입이 살짝 벌어지고 얼굴이 굳어지거든요. 이상했습니다. 속이 편치 않았습니다.

'이건 또 뭐지?'

녀석은 이 사태에 대해 뭔가 알고 있는 게 틀림없었습니다.

원고를 살펴보기 위해 컴퓨터를 켜고 곰곰 생각했습니다. 두 가지 사실에 주목했지요.

(1) 절묘한 연락 시기

내가 원고를 보낸 것은 벌써 석 달 전입니다. 제아무리 검토 기간이 길다고 해도 대개는 한두 달을 넘기지 않는 법이지요. 그런데 석 달이 지나서야, 그것도 온 힘 기울여 쓰던 '우정 지속의 법칙'을 접으려고 마음먹은 시점에 연락이 왔다는 사실이 심상치 않아 보입니다.

(2) 형과의 관련성

연락해 온 B출판사의 사장은 바로 형의 친구입니다. 지금껏 그 사실은 내게 아무런 의미가 없었습니다. 조광조처럼 꼿꼿한 형 ─ 조광조의 삶에 반해서 전공을 바꾼 사람입니다 ─ 은 공과 사를 철저히 구분해 왔거든요. 한때 여러 직장을 전전하며 방황하던 내가 우여곡절 끝에 작가의 길로 들어섰을 때 형은 짧은 축하와 함께 행여나 자신에게 부탁할 생각은 하지도 말라고 미리부터 엄포했을 정도입니다. 그런 형이 과연 자신의 준엄한 원칙을 깨고 B출판사에 부탁했을까요?

조카 녀석에게 물으려다 참았습니다. 녀석에게 먼저 굽히고 들어가는 게 내키지 않았습니다. 그래서 그냥 형을 기다리기로 했습니다.

*

평일에는 연구실에서 살다시피 하는 형은 자정이 다 되어서야 집으로 돌아왔습니다. 방문을 열고 나가 볼까 하다가 말았습니다. 일의 전말이 궁금해 참을 수가 없을 지경이긴 했지요. 그러나 상대가 다른 이도 아닌 조광조를 흠모하는 형인 걸 감안하면 제대로 된 답을 얻기는 지난할 것 같았습니다. 게다가 요즘은 복잡한 심사에 휘둘리느라 형과 마땅히 대화를 나눠 본 적도 없었고요. 그런 마당인데 갑자기 친한 척 다가가 퇴짜 맞은 원고며 출판사의 전화 같은 낯간지러운 이야기를 꺼내려니 생각만큼 쉽지 않았습니다. 그러저러한 고민을 하는 사이 방문이 열렸습니다. 형이었지요. 형은 바닥에 앉은 후 주위를 둘러보며 물었습니다.

"불편한 건 없냐?"

방 한 칸을 공짜로 얻어 살고 있는 판에 불평까지 할 수는 없지요. 말없이 고개만 저었고, 형은 내 속내를 다 알겠다는 듯 그저 고개만 서너 차례 끄덕였습니다. 한참의 침묵 후 형이 먼저 말문을 열었습니다.

"김안국과 김정국 형제의 이야기는 참 좋더라."

그 말이 별반 놀랍지도 않았습니다. 조카 녀석이 본 원고였으니 형이 본 것은 당연하겠지요. 그래서 나는 아무 말도 하지 않았습니다. 형 또한 말이 없었습니다. 자신이 뱉은 말로 사색이라도 하는지 오히려 처음보다도 깊은 침묵에 빠져들었지요. 한참이 지나서야 형의 입에서 또 다른 말이 나왔습니다.

"우리 함께 강릉 갔던 것 기억하냐?"

나도 모르게 한숨을 토해 냈습니다. 형이 말한 '우리'에는 친구도 포함되어 있습니다. 그날의 일을 기억하느냐는 형의 질문에 나는 뭐라 답해야 좋을지 몰랐습니다. 형의 질문을 듣기 전까지 내 머릿속에 그날의 기억은 없었거든요. 하지만 형의 질문을 듣자마자 그날의 모든 일이 세세하게 떠올랐습니다.

중학교 1학년을 마치고 맞은 봄 방학 때의 일입니다. 그러니까 2월의 마지막 날 무렵이었지요. 그날 친구는 우리 집에서 자고 갈 예정이었습니다. 형이 내 방에 들어왔을 때 친구와 나는 예의 알까기 대전에 열중해 있었습니다. 형은 친구의 검은 돌이 내 흰 돌을 공격해 바닥에 떨어뜨리는 것을 보며 무심히 물었습니다.

"너희들, 나랑 밤바다 보고 오지 않을래?"

마다할 이유가 없었습니다. 저녁 내내 카드놀이 하고, 바둑 대결 하고, 그마저 지겨워서 꿀밤 맞기 알까기 대전을 펼치던 중이었으니까요. 우리는 스프링처럼 튀어 올라 형이 운전하는 차—실은 아버지의 차이지만——에 올라탔습니다. 조광조 같은 형에게는 김시습 같은 엉뚱한 구석 또한 있었습니다. 멀쩡하게 학교에 갔다 아무런 말 없이 곧바로 여행을 떠난 적도 있고, 오밤중에 전공 교수에게 전화를 걸어 온 집 안이 떠들썩하도록 논쟁을 벌인 적도 있고, 두 명의 여자 친구를 한꺼번에 집에 초대해서 부모님이 진땀을 흘린 적도 있지요.(형이 왜 그랬는지는 도통 모르겠습니다. 왜 두 명을 동시에 사귀었는지, 왜 두 명을 동시에 초대했는지는 여전히 미스터리입니다. 다만 그중 한 명이 지금의 형수라는 사실은 형의 사회적 지위를 고려할 때 꼭 알리고 넘어가야 할 듯합니다!)

깊은 밤이라 고속 도로에는 차가 별로 없었습니다. 형은 제한 속도 따위는 무시하고 빠르게 달렸습니다. 아버지의 여유로운 운전에만 익숙해져 있던 나는 약간의 공포감마저 느꼈지요.(친구는 과속을 꽤 즐겼습니다. 친구의 얼굴에 시종 흥분된 웃음이 떠올라 있었거든요.) 우리는 몇 시간 안 되어 경포대에 도착했습니다. 밤바다의 풍경이 어떠했는지는 모릅니다. 아마도 여느 밤바다와 크게 다르지 않았겠지요. 그날의 기억 중 곧장 떠오른 것은 밤바다의 풍경이 아니라 조동진의 「아침 기차」라는 노래입니다. 아침 기차! 형은 밤바다를 보며 느닷없이 그 노래를 불렀습니다. 처음 들어 보는 노래였지요. 나는 형에게서 듣기 전까지 그 노래를 몰랐습니다. 그런데 친구는 알고 있었습니다. 친구는 형과 함께 노래를 불렀습니다. 둘의 목소리는 형제처럼 잘 어울렸습니다. 「아침 기차」를 부른 둘은 「나뭇잎 사이로」와 「행복한 사람」도 함께 불렀습니다.(나는 몇 년이 지난 뒤에야 그 노래들의 제목을 알았습니다.) 그 순간 내가 느꼈던 감정이 생생하게 떠오릅니다. 그건 바로 소외의 감정입니다. 그날 그 순간 나는 혼자였습니다. 형과 친구는 짝이었고, 나는 혼자였지요. 노래가 끝난 후 형은 친구에게 어떻게 조동진의 '낡아 빠진' 노래들을 다 아느냐고 물었습니다. 친구는 쑥스러운 표정으로 대답했습니다.

"우리 아빠가 제일 좋아하는 가수예요."

노래가 끝난 뒤부터의 기억은 희미합니다. 한두 시간 후 다시 차에 타고 집으로 돌아왔다는 것, 그 며칠 후 형이 내게 '조동진 베스트 앨범'을 선물로 주었다는 것이 기억나는 전부입니다. 그러나 내게 그날의 일이 유독 중요한 것은 그 후로 친구와 내 관계가 전과는 달라졌기 때문입니다. 이 대목에서 나의 또 다른 거짓말이 드러나는군요. 친구와 내가 다른 반이 되어 자연스럽게 멀어졌다는 말은 거짓입니다. 나는 형이 준 '조동진 베스트 앨범'을 비닐도 뜯지 않은 채 서랍 속에 처박아 두었습니다. 그런 구닥다리 노래들은 듣고 싶지도 않았습니다. 친구와의 사이도 전과 달라졌습니다. 우리가 만나는 횟수는 점차 줄어들었지요. 그런 과정을 거친 뒤에야 비로소 앞서 쓴 문장과 같은 일이 일어났습니다. 친구와 나는 자연스럽게 멀어졌습니다. 내가 '조동진 베스트 앨범'의 비닐을 뜯은 것은 고등학교에 들어간 뒤의 일입니다.

"그 친구가 자살한 것은 몰랐다."

그 말에 내가 뭐라 대꾸하겠습니까? 나는 스마트폰을 뒤져 조동진의 노래를 찾았습니다. 음량을 낮춘 뒤 재생 버튼을 눌렀습니다. 조동진의 낮고 깊은 목소리가 조심스럽게 방 안을 채웠습니다. 여전히 점잖은 조동진을 배경으로 형의 말이 이어졌습니다.

"그동안은 참으로 견디기 힘들었다. 네 조카 녀석 때문에."

나는 말없이 손톱만 깨물었습니다. 나는 형이 나와 친구의 관계에 대해 더 물을 줄 알았습니다. 아니면 원고와 출판의 상관관계에 대한 진상을 밝히든지요. 하지만 형이 꺼낸 말은 예상 밖의 것이었습니다.

"고등학교에 가지 않겠단다."

비로소 지난 한두 달간 이 집안을 휩쓸었던 낯선 기운의 정체를 알게 되었습니다. 형수의 말과 녀석의 말, 형의 말이 합쳐져 드디어 하나의 결론을 이루었습니다. 물론 나는 나만의 세계에 몰입한 탓에 그런 심각한 투쟁이 벌어지고 있는 줄은 까맣게 모르고 있었지요. 이렇듯 무심한 삼촌이라니!

그러나 과연 내가 아무것도 몰랐던 걸까요? 꼭 그렇지는 않습니다. 실은 내가 내내 예상하고 있었던 바로 그 말이 아닌가 하는 생각 또한 들었거든요. 물론 녀석이 고등학교에 진학하지 않겠다고 했다는 문장을 그대로 머리에 담고 있었다는 말은 아닙니다. 다만 형의 말을 들었을 때 곧바로 '아! 이것이구나.' 하고 깨달았다는 말입니다. 그렇게 생각하게 된 이유를 어떻게 설명할 수 있을까요? 녀석의 말, 그러니까 "삼촌, 난 왜 친구가 없을까?"가 내게 남긴 특별한 인상 때문이라고 말하면 충분할까요? 어찌 되었건 나는 녀석이 그 말을 했던 이유가 단지 친구의 부재를 아쉬워하는 마음 때문만은 아니라고, 분명 뭔가가 더 있다고 줄곧 생각해 왔습니다. 물론 그 고민을 누구와도 공유하지 않았지만 말입니다.

"나만 몰랐네."

"너와도 의논할까 했는데 기형이가 반대했다. 늘 삼촌한테 기대는 게 버릇이었는데 이제 스스로 결정을 내려 보겠다고 하더라."

"스스로 결정을 내려 보겠다……."

"널 싫어해서 그런 건 아니야. 기형이는 이상할 정도로 너를 좋아한다. 왜 하필 너인지 나로서는 도무지 모르겠다마는."

마음 한구석이 뜨거워졌습니다. 형의 말대로 조카 녀석은 어려서부터 나를 무척이나 따랐습니다. 나 또한 그런 녀석이 싫지 않았지요. 그래서 형의 집에 갈 때마다 녀석과 꽤 많은 시간을 보냈습니다. 녀석에게 바둑과 카드놀이와 자전거를 가르쳐 주고, 맥주 맛을 살짝 보여 준 것도 바로 나입니다. 형에게 물었습니다.

"내가 뭘 하길 바라는 거야? 녀석을 설득하기라도 하라는 거야?"

"그렇지는 않아. 이미 우리는 결론을 내렸으니까. 선생님과도 이야기를 나누었고, 기형이와도 여러 차례 이야기했어. 며칠 전 최종적으로 합의를 봤다."

"무슨 합의를 했다는 거야?"

"녀석의 말대로 하기로."

"형수는 뭐라는데?"

"별다른 말은 없었다. 그저 기형이를 믿는다고만 했지."

"어떻게……."

형은 잠시 침묵을 지키다 이윽고 말을 시작했습니다.

"……아이는 절을 견디지 못했다. 시내에서 물을 긷다가도 멍하니 달을 보았고, 차를 달이다가도 꽃에 한눈을 팔았지. 새 지저귀는 소리를 들으면 한숨을 쉬었고, 바람이 세차게 불면 꼼짝 않고 서서 바람을 맞았다. 산에 살면서 산 아래를 보는 아이를 더 잡아 둘 수 없던 늙은 중, 김교각이 뭐라 했을까?"

난데없는 신라 고승 김교각의 이야기에 내가 뭐라 답하겠습니까? 처음부터 내 답을 들을 생각이 없었던 듯 형은 혼자서 이야기를 이어 갔습니다.

"아이를 불러서 가라, 했다. 아이는 챙길 것도 없는 짐을 쌌지. 초라한 짐을 들고 김교각 앞에 섰지. 김교각은 아이에게 다시 한 번 가라, 했다. 아이의 눈에서 눈물이 떨어졌지. 늙은 중은 아이에게 눈물을 훔치라, 했다. 산 아래로 내려가면 산에서의 일은 다 잊을 것이니 눈물일랑 훔치고 어서 가라, 했다. 아이가 등을 돌렸다. 고개도 들지 않고 등을 돌렸지. 아이에게 늙은 중은 괜찮다, 했다.

자기에겐 안개와 노을이 있으니 괜찮다, 했다."

형이 잠시 말을 멈추었습니다. 묵묵히 형의 다음 말을 기다렸습니다.

"아이의 모습이 사라진 뒤에도 김교각은 하늘을 보며 혼자서 괜찮다, 했다. 하늘이 어두워지도록 혼자 서서는 괜찮다, 괜찮다, 했다. 이 글을 처음 읽었을 때 난 한참을 울었다."

늙은 중 김교각의 이야기가 내 모든 질문을 덮어 버렸습니다. 나는 왠지 형의 마음을 알 것만 같았습니다. 조카 녀석이 출력해서 주었을 내 글을 읽은 형의 마음과 고민 끝에 친구에게 전화했을 마음을 알 것만 같았고, 조카 녀석에게 뭐라 하는 대신 내 방에 찾아와 늙은 중 김교각의 이야기를 들려주는 마음 역시 알 것만 같았습니다.

"그러고 보니 조동진의 노래는 참 오랜만이다. 예전에는 하도 들어서 테이프가 다 늘어질 지경이었는데."

조동진은 「진눈깨비」라는 노래를 부르고 있습니다. 형은 나지막이 노래를 따라 불렀습니다. 나도 함께 노래를 불렀습니다.

"얼마나 오랫동안 이렇게 서 있었는지, 나는 유리창에 머리 기대고 젖은 도시의 불빛 본다……."

잔뜩 젖은 「진눈깨비」가 끝나자 형은 종이 한 장을 꺼냈습니다.

"박지원이 경보라는 이에게 쓴 편지다. 괜찮으면 네 원고에 넣어 봐라."

형은 자리에서 일어나더니 내 어깨에 손을 얹었습니다.

"힘들지?"

"뭐, 그냥."

"너도 힘들었겠지만 나도 많이 힘들었다. 부모님의 끝없는 기대를 충족시키기란, 나로서도 쉽지 않았다. 난 월과 같은 천재는 아니었거든."

형이 손목으로 눈을 훔친 뒤 자리에서 일어나며 말했습니다.

"그동안 소원했다. 가끔 맥주라도 하자."

형이 나간 뒤 형이 준 종이를 펼쳤습니다. 박지원이 경보에게 보낸 편지를 읽었습니다.

경보여, 나 박지원과 그대의 인연이 참으로 공교롭고도 오묘합니다. 누가 우리를 만나게 한 걸까요? 우리가 친구로 만났다는 것, 이는 참으로 보통의 인연이 아닙니다.

그대가 먼저 태어나지도 않고 내가 뒤에 태어나지도 않아 우리는 같은 세상을 살게 되었습니다. 그대가 흉노족이 아니고 내가 남쪽의 오랑캐가 아니라 우리는 같은 나라에서 살게 되었습니다. 그대가 남쪽에 살지 않고 내가 북쪽에 살지 않아 우리는 한마을에서 살게 되었습니다. 그대가 무인이 아니고 내가 농사꾼이 아니라 우리는 글 읽는 사람이 되었습니다. 이 어찌 보통의 인연이겠습니까? 이렇듯 큰 인연을 지니고 있다 해서 상대방 말에 무조건 동조하거나 상대방 행동을 무조건 따라 해서는 안 될 것입니다. 그럴 바에야 옛사람과 벗하거나 후세 사람을 기다리는 편이 나을 것입니다. 그러면 우리는 어찌해야 하겠습니까?

나의 친구여, 나날이 나아가시기 바랍니다. 나 또한 나날이 나아갈 테니.

*

형이 떠난 방에서 혼자 조동진의 노래를 들었습니다. 조카 녀석의 대담한 결정, 형의 느닷없는 고백, 김교각과 아이, 박지원과 경보를 생각하며 반복해서 들었습니다. 친구와 조카 녀석을 생각하며 듣고 또 들었습니다. 새벽 2시와 3시 사이의 어느 순간, 문득 기분이 좋아졌습니다. 형이 전한 조카 녀석의 말이 다시 떠올랐기 때문입니다.

"늘 삼촌한테 기대는 게 버릇이었는데 이제 스스로 결정을 내려 보겠다고 하더라."

조카 녀석이 내게 와서 자신이 처한 상황을 상세히 말했더라면 나는 기뻐했겠지요. 울며 한숨 쉬며 속내를 털어놓았다면 분명 나는 훈계와 충고를 아끼지 않았겠지요. 하지만 스스로 결정을 내리겠다는 녀석의 말은 나를 더 기쁘게 합니다. 약간의 서운함도 없다면 거짓말이겠지만 그보다는 대견함이 큽니다. 녀석은 삼촌인 내가 방황하는 사이 당당한 어른이 되어 가고 있었던 것입니다. 나보다도 훌륭한 어른으로 말입니다.

갑자기 나는 더 이상 혼자가 아니라는 느낌이 들었습니다. 내 모든 잘못과 어리석은 행동에도 불구하고 드디어 나는 구제받았다는 생각이 들었습니다. 조카 녀석이 혼자 내린 결정과 내 구제 사이에 어떤 관계가 있는지 설명하기란 어렵습니다. 그럼에도 나는 김교각과 박지원이 나를 향해 손을 내밀어 주었다는 사실을, 아니 실은 내 소중한 형이 손을 내밀어 주었고 조카 녀석이 나를 끌어 주었다는 사실을 깨달았습니다. 그다음 날부터 나는 다시 '우정 지속의 법칙'을 쓰기 시작했습니다.

함 께 하 는 ' 지 금 ' 을 즐 기 자

다음 날 나는 조카 녀석의 방으로 찾아갔습니다. 녀석은 침대에 드러누워 스마트폰으로 음악을 듣고 있었습니다. 나는 선물로 주었다가 다시 돌려받은 책들, 『궁핍한 날의 벗』과 『호밀밭의 파수꾼』을 녀석의 책상 위에 놓았습니다. 녀석은 이어폰을 빼고 책들을 뒤적거리더니 대뜸 독설부터 내뱉었습니다.

"난 삼촌의 죽은 친구가 아니야."

참으로 둘러말할 줄을 모릅니다. 하긴, 둘러말할 줄 알면 그건 녀석이 아니겠지요. 잠시 흐르던 침묵을 깬 것은 나입니다.

"미안하다. 그간의 내 행동들에 대해 진심으로 사과한다."

녀석이 또 꼬투리를 잡는 건 아닌가 싶어 잠시 걱정되더군요. 하지만 녀석은 말없이 살짝 고개만 끄덕였습니다. 어찌나 미미한 움직임이었던지 녀석을 주시하고 있지 않았더라면 알아채지 못할 뻔했습니다.

"나도 잘한 건 없어. 미안해."

"알면 됐다."

"뭐 하나 물어봐도 돼?"

"물어봐라. 수학에 대한 건 빼고."

"싱겁긴. 저기…… 그 친구는 어떻게 죽었어?"

친구는 12월의 첫날부터 사흘 동안 계속해서 학교에 나오지 않았습니다. 친구와 무리 지어 지내던 아이 두 명 또한 마찬가지였지요. 걱정이 되었습니다. 막 나가기는 했어도 무단결석한 적은 없었거든요. 무슨 일이라도 있는 건 아닌가 싶어 속으로 안절부절못했습니다. 하지만 그렇다고 해서 내가 할 수 있는 일은 아무것도 없었지요. 나는 그저 친구가 다시 학교에 나오기만을 바랐습니다.

친구가 결석한 첫날 오후부터 소문이 떠돌기는 했습니다. 친구가 죽었다는, 스스로 목숨을 끊었다는 흉흉한 소문이 말입니다. 그흉흉한 소문은 옆 반에도 퍼져서 K가 내게 진위 여부를 물으러 왔을 정도였습니다. 나는 K에게 "그럴 리가 없어."라고 딱 잘라 말했습니다. 그렇게 말한 이유는 간단했지요. 결코 스스로 목숨을 끊을 아이가 아니었기 때문입니다. 그러는 사이 소문에는 점차 피와 살이 붙어 갔습니다. 결국에는 친구가 죽은 장소와 시간까지 더해졌지요. 그 소문을 듣고도 내 믿음은 바뀌지 않았습니다. 도무지 그럴 이유가 없다고 생각했으니까요. 아이들 사이에 떠도는 소문이 맞는 법은 거의 없으므로 이번에도 그저 소문이라고만 생각했습니다.

온통 뒤숭숭한 가운데 이틀이 흐르고 사흘째가 되었습니다. 수업을 마치고 담임이 종례를 하러 들어왔습니다. 친구와 몰려다니던 아이들 중 하나가 뒷문으로 들어와 자리에 앉았습니다. 아이의 눈은 잔뜩 부어 있었습니다. 담임은 그 아이를 잠시 쳐다보다가 이내 며칠 후 있을 기말고사에 대한 이야기를 시작했습니다. 마지막 시험이니 좋은 결과를 거두었으면 좋겠다는 바람을 노골적으로 표출했습니다. 담임은 밖으로 나가려는 듯 문을 향해 어깨를 틀었습니다. 그런데 걸음을 내디디려다 멈추고 다시 교탁 앞에 서서 우리를 바라보았습니다. 담임은 기말고사 이야기를 할 때와는 조금 다른, 약간은 풀 죽은 목소리로 친구가 죽었다고 말했습니다. 그것으로 끝이었습니다. 언제, 어떻게, 왜 죽었다는 설명도 없이, 남은 우리에게 경고와 훈시도 하지 않고 끝이었습니다.

담임이 나가자 아이들은 "거봐, 사실이잖아", "자식, 노는 꼴이 이상하더라니" 따위의 말을 주고받았습니다. 나는 서둘러 뒷자리로 가 눈이 퉁퉁 부은 아이를 붙잡았습니다. 사흘 만에 다시 학교에 나타난 그 아이, 고개 숙이고 교실 밖으로 나가려던 그 아이를 억지로 붙잡아서 조카 녀석이 했던 것과 똑같은 질문을 했습니다.

"어떻게 죽었어?"

나를 뿌리치려던 그 아이는 어느 순간 제풀에 무너졌습니다. 잠시 아무 표정도 없더니 갑자기 얼굴이 붉어졌고 잔뜩 부은 눈가에는 눈물이 맺혔습니다. 그 아이는 창밖을 보며 말했습니다.

"다리에서 뛰어내렸어."

나도 그 아이를 따라 창밖을 보았습니다. 교실에서 탈출한 아이들이 축구공을 따라 이리저리 뛰어다녔습니다. 나는 그 축구 같지도 않은 축구를 한참 동안 보았습니다. 그러니까 소문은, 사실이었던 것입니다.

친구가 죽었어도 학교 풍경은 그대로였습니다. 아이들은 아무 일도 없다는 듯이 수업을 들었고, 쉬는 시간이 되면 운동장으로 뛰어나가거나 교실 곳곳을 누비며 장난치고 떠들었습니다. 아, 달라진 게 하나 있기는 하군요. K는 틈만 나면 나를 찾아와 농담을 해 댔습니다. 말도 많지 않은 녀석이 웬일인지 더러운 농담도 서슴지 않았지요. 나는 뭐라 할까 하다 그것도 귀찮아 그냥 내버려 두었습니다. 친구의 자리는 겨울 방학이 될 때까지 그대로 비어 있었습니다. 흰 국화 한 송이 받아 보지 못하고 먼지만 뒤집어쓴 채 그저 비어 있었습니다. 그렇듯 담담한 혹은 무심하고 어색한 풍경을 이해하기 어려울 수도 있겠습니다. 그러나 그때는 그랬습니다. 학생이 스스로 목숨을 버린다는 개념은 그 당시에만 해도 무척이나 낯설

었으니까요. 그렇기에 학교는 그저 쉬쉬하고 넘어가기 급급했고, 아이들 또한 학교의 분위기에 암묵적으로 동의함으로써 자신들에게 닥친 당혹감을 지우려 했습니다.

　나는 어땠을까요? 처음에는 친구의 죽음을 믿지 않았습니다. 모든 것이 거짓말 같았거든요. 다리에서 뛰어내린 친구의 시신은 끝내 발견되지 않았습니다. 나는 오로지 그 사실에 의지했습니다. 시신이 없으니 죽음도 없다는 논리로 내 마음을 방어했지요. 나는 친구가 그 차가운 강에서 빠져나가 어딘가로 사라졌을 거라고 믿었습니다. 개헤엄밖에 못 하는 친구지만 어떻게든 온 힘을 다해 빠져나왔을 거라고 굳게 믿었습니다.

　나는 그렇게 친구의 죽음을 잊었고, 친구에 대한 기억을 하나하나 지워 가며 중학교 시절을 끝냈습니다. 하지만 나는 결코 친구의 죽음을 잊지 못했습니다. 친구에 대한 기억 또한 하나도 지우지 못했습니다. 친구의 죽음과 기억은 잊힐 듯하면 되살아났습니다. '우정 지속의 법칙'을 쓰게 만든 것도 결국 그 죽음과 기억이었지요. 하지만 나는 이 모든 이야기를 조카 녀석에게 털어놓고 싶지는 않습니다.

　"그 이야기는 하고 싶지 않다. 혹시라도 나중에 책으로 나오게 되면 그때 읽어. 물론 지금 같아서는 쉽지 않겠지만 말이야."
　"알았어."

"그건 그렇고 너, 진수가 이민 갔다고 고등학교를 포기하는 거냐?"

"그런 건 아냐."

녀석은 모처럼 마음먹고 던진 내 돌직구에 조금도 당황하지 않았습니다. 생각을 가다듬기 위해 잠깐 말을 멈추었을 뿐, 이내 녀석은 제 속내를 솔직히 털어놓았습니다.

"뭐라고 말해야 하나? 정확히 표현하긴 힘든데 아무튼 진수가 떠난 뒤로 학교가 싫어졌어. 학교의…… 진짜 모습이 보였어. 그게 날 두렵게 만들었어. 그러니까 엄밀히 말하면 진수는 닫혀 있던 내 눈을 뜨게 해 준 거야. 그동안엔 진수가 늘 곁에 있어서 그걸 몰랐던 거야. 그래서 결심했어. 이 나라에서…… 더 이상 학교 같은 건 다니지 않기로."

녀석의 이야기는 그게 전부였습니다. 녀석은 학교의 어떤 부분이 자신을 두렵게 했는지 말하지 않았습니다. 하지만 나는 알 것 같습니다. 녀석이 학교의 어떤 부분을 두려워하고 마침내는 경멸하게 되었는지 나도 알 것 같습니다. 나 또한 그랬으니까요. 하지만 조카 녀석은 나와 다릅니다. 나는 두려워하고 경멸하면서도 그렇지 않은 척했습니다. 내 눈으로 똑똑히 보고도 못 본 척, 내 귀로 똑똑히 듣고도 못 들은 척했지요. 친구는 어떠했을까요? 친구는 그 두려움과 경멸을 어떻게 받아들였을까요? 나는 알 수 없습니다. 친구에게 두려움과 경멸이 있었는지조차 확신할 수 없습니다.

나는 친구와 그런 말은 한마디도 나누지 않았으니까요. 학교와 세상에 대한 두려움과 경멸로 속이 다 탔으면서도, 그저 눈 감고 귀 닫고 아무 일 없는 사람처럼 태연하게 살았으니까요. 그래서 친구도 없는, 어른 아닌 어른이 되어 버렸으니까요. 얼마 전에 읽었던 황병승의 시가 떠오릅니다.

"텅 빈 교실에 남아 / 유리창에 침을 뱉어도 되는 걸까 / 발자국이 어지럽게 널려 있는 복도에 누워 / 잠이 들어도 되는 걸까 / 선생님은 어떻게 어른이 되었을까" 하는 시입니다. 물론 비겁한 어른인 나는 그 시를 조카 녀석에게 들려주지 않았습니다. 그 대신 이렇게 말했지요.

"그렇게 말했는데 네 부모님이 알아들으셨냐?"

"물론이지."

"대단한 부모님이시다."

나는 일부러 더 깐죽댔습니다. 내가 삐뚤어진 인간이라 그렇게 말한 건 아닙니다. 그저 내 마음속의 슬픔을 이겨 내기 위해서였습니다.

그걸로 대화는 끝났다고 생각했습니다. 아니었습니다. 조카 녀석에겐 아직 할 말이 남아 있었습니다.

"삼촌, 좀 조심스러운 부분이 있는데 말해도 될까?"

"이제 와서 뭘 또 망설이냐?"

"삼촌 일에 간섭하는 건 절대 아냐."

"알았다니깐. 뭔데?"

"『호밀밭의 파수꾼』은 언제 읽었어?"

"글쎄, 고등학교 때 읽었던가?"

"뭐 느끼는 거 없었어?"

"훌륭한 소설이지. 그래서 너 읽으라고 사 준 거고."

녀석은 『호밀밭의 파수꾼』을 펼쳐서 자신이 접어 놓은 부분을 손으로 가리키며 말했습니다.

"여기 보면 '인생은 운동 경기와 같다.'라고 되어 있어. 뭐 느껴지는 거 없어?"

서서히 깨달음이 왔습니다.

친구가 내게 했던 말, 공식적으로 했던 마지막 말이나 다름없는 말이 서서히 떠올랐습니다.

"인생은 시합 아니겠어? 나랑 농구나 한번 할까?"

조카 녀석이 눈치채지 못하도록 속으로 깊은 한숨을 쉬었습니다. 그러니까 친구는 『호밀밭의 파수꾼』을 읽었던 것입니다. 내가 선물할 생각을 하지도 않자 직접 구해서 읽었던 것입니다. 그것만이 아닙니다. 친구는 중학교 3학년이 되어서도 나를 잊지 않았습니다. 그러므로 친구의 마지막 말에는 실로 여러 가지 의미가 담겨 있었던 것입니다. 물론 나는 짐작도 할 수 없었지요. 당시 나는 『사람의 아들』은 물론『호밀밭의 파수꾼』도 읽지 않았으니까요.

"어쩌면 삼촌 친구의 말은『호밀밭의 파수꾼』과는 아무런 관계가 없을 수도 있어. 사람들이 흔히 쓰는 말이니깐……."

녀석은 병 주고 약 주기를 시도했습니다. 신기한 녀석! 무모한 녀석! 삼촌을 가르치려 드는 녀석! 나는 손바닥으로 녀석의 입을 막으며 말했습니다.

"농구나 하러 갈까?"

"그러시든지. 그런데 삼촌이 날 이길 수 있을까?"

녀석의 머리를 쥐어박으려다 말았습니다. 침대에서 일어난 녀석의 머리는 꽤 높은 곳에 있어서 내가 올려다봐야 할 정도였습니다. 녀석을 안아 올려서 농구 골대를 만져 보게 했던 그 그리운 시절은 이미 오래전에 지나갔네요.

조카 녀석의 말대로였습니다. 녀석은 '자말'이었습니다. 녀석을 상대로 단 한 골도 넣을 수가 없었거든요. 녀석에게 열 골을 내리먹은 뒤에도 정신을 못 차리고 한 게임 더 하자고 했지만 다시 열 골을 내리 먹었습니다. 한 번 더 하자고 했지만 조카 녀석이 거절했습니다. 나는 "난 더 할 수 있는데 네가 안 한다고 한 거다."라고 쓸데없는 말을 내뱉고는 곧바로 휘청거렸습니다. 어렵사리 벤치까지 걸어가서는 그대로 드러누웠습니다. 한 줄기 바람이 불어왔습니다. 어느새 초겨울이라 바람은 몹시도 차가웠습니다. 그 차가운 바람을 느끼며 이백 년 전에 들길을 걸었던 남자 이서구를 떠올렸습니다.

*

이서구의 눈에 들길이 들어왔습니다. 메밀꽃이 활짝 핀 들길이 눈에 들어왔지요. 걸어라, 하고 유혹하는 들길이었습니다. 그런 유혹에는 굴복해야 합니다. 그래서 그 들길을 걷기로 했습니다. 들길 사이로 바람이 불어왔습니다. 바람은 생각보다 싸늘했지요. 이서구는 옷깃을 여미며 늘 한결같은 친구 이덕무를 생각했습니다. 이덕무를 생각하니 바람을 잊을 수 있었습니다. 바람을 잊은 이서구는 이덕무가 지은 시를 흥얼거렸습니다. 시를 흥얼거리며 들길을 걸었습니다. 메밀꽃이 활짝 핀 들길을 걷다 보니 새로운 시 하나가 머리에 떠올랐습니다. 메밀꽃과 바람과 이덕무와 함께 들길을 걷다 보니 시 하나가 머리에 떠오른 것입니다. 이서구는 걸음을 멈추고 머리에 떠오른 시를 읊었습니다.

메밀꽃이 피어나 들빛이 점점 짙어진다
싸늘한 저녁 바람이 옷깃을 파고든다
친구가 지은 시를 노래처럼 읊는다
가을 숲 속을 거닐며 콧노래로 부른다

이서구의 시를 생각하며 내 친구를 떠올립니다. 이 글의 첫머리에서 나는 이렇게 썼습니다.

바람도 불지 않았는데 책상 위의 연필이 저절로 움직였습니다. 등이 서늘해졌습니다. 저 혼자 힘으로 미묘하게 움직이는 그 연필을 보며 내가 왜 하필 우정에 관한 글들을 모았던 것인지 알게 되었습니다. 오래전에 스스로 목숨을 끊은 내 친구가 원하고 있기 때문입니다. 그 친구가 이제 금침으로 자신의 얼굴을 수놓기를 원하고 있습니다.

정말로 바람도 불지 않았는데 책상 위의 연필이 저절로 움직였을까요? 나를 알아주었던 그 친구가 금침으로 자신의 얼굴을 수놓기를 정말로 원했던 것일까요? 모르겠습니다. 그때는 그렇다고 생각했지만 이제는 모르겠습니다. '우정 지속의 법칙'을 마무리 지어 가는 지금 내가 아는 것은 오직 하나입니다. "바람도 불지 않았는데 책상 위의 연필이 저절로 움직였습니다."라는 문장에는 우정을 잃어버린 후에야 그것이 무엇보다 중요했음을 깨달은 나의 간절한 바람이 담겨 있다는 사실만을 알겠습니다. 내 모든 잘못에도 불구하고 친구가 잠깐이라도 내 곁에 와 주었으면 한다는, 이뤄질 수 없는 바람이 말입니다.

그리하여 바람도 불지 않았는데 책상 위의 연필은 저절로 움직였습니다. 그렇다면 그 연필은 내가 움직인 걸까요, 친구가 움직인 걸까요? 아니, 연필이 정말로 움직이기는 했던가요? 모르겠습니다. 솔직히 지금은 잘 모르겠습니다. 어쩌면 나는『삼국유사』에 등장하는 관기와 도성 중의 한 명이 되기를 바랐던 건지도 모릅니다. 그래서 내 친구가 그 일화의 다른 한 명이 되어 나를 찾아오기를 바랐던 것은 아닐까요?

관기와 도성이 산에 살며 불도를 닦았다. 관기는 남쪽 고개에 암자를 지었고, 도성은 십 리 정도 떨어진 북쪽 굴에 살았다. 달밤이면 노래하면서 왕래했다. 도성이 관기를 부르려 하면, 산속의 나무가 모두 남쪽을 향해 굽혔다. 관기는 이것을 보고 도성에게 갔다. 관기가 도성을 부르려 하면, 산속의 나무가 모두 북쪽을 향해 굽혔다. 도성은 이것을 보고 관기에게 갔다.

*

혼자서 슈팅 연습을 하던 조카 녀석이 벤치로 다가왔습니다. 내가 몸을 일으키자 녀석은 내 옆에 앉았습니다. 저물녘 강변에 바람이 불었습니다. 녀석은 티셔츠로 얼굴을 대충 닦고는 곧바로 입을 열었습니다.

"그런데 '우정 지속의 법칙'은 책으로 나올 수 있을까?"

"몰라."

"A출판사 사장님한테 연락해 봐."

"이 자식이."

녀석의 머리를 세게 쓰다듬어 주고 싶었지만 그럴 수 없었습니다. 녀석의 머리를 세게 쓰다듬으며 관기와 도성의 기이한 이야기를 들려주고 싶었지만 그럴 수 없었습니다. 지치지도 않는 녀석은 용수철처럼 자리에서 벌떡 일어나 다시 농구대로 갔습니다. 자말처럼 멋진 폼으로 슛하는 녀석을 보면서 내 친구를 떠올렸습니다. 친구 또한 농구를 무척이나 잘했습니다. 나는 일대일로 붙어서는 절대로 친구를 이길 수 없었지요. 멀리서도 쏙쏙 잘 집어넣는 친구의 솜씨를 얼마나 부러워했는지 모릅니다. 그러고 보면 조카 녀석은 친구와 닮은 점이 참 많습니다. 그러니 나는 이제부터 녀석을 조카가 아닌 친구로 삼아야 할지도 모릅니다. 어쩌면 그것이 첫걸음이겠지요. '우정 지속의 법칙'을 실제 사례에 적용하는 첫걸음 말입니다.

일어나려는데 휴대 전화가 울렸습니다. K였습니다.

"웬일이냐?"

"넌 그게 전화받는 예의냐?"

"미안하다. 그런데 왜?"

"B출판사에서 책 내기로 했다면서?"

"그래, 그렇게 됐어. 그런데 어떻게……?"

"네가 퇴짜 맞았다는 소식 듣고 나도 여기저기 알아보긴 했거든. 그런데 별 소득이 없었지. 이제 해결됐으니 다행이네. 축하한다. 술 사라."

"알았다."

전화를 끊고 농구를 하는 조카 녀석을 멍하니 보았습니다. K, 우스운 친구입니다. 남의 일을 제 일처럼 여기며 혼자 동분서주했다니 우스운 녀석이지요. 그 우스운 친구가 나를 웃게 합니다. 힘을 북돋아 줍니다.

조카 녀석에게로 다가갑니다. 녀석은 아무 말 없이 내게 공을 넘겨줍니다. 공을 넘겨받은 나는 이 슛 한 방에 경기의 향방이 결정되기라도 하는 양 신중하게 골대를 향해 던져 봅니다. 공은 골대에 닿지도 않습니다. 녀석이 웃습니다. 나도 따라 웃습니다. 녀석과 내가 '지금' 함께 웃고 있습니다. 진눈깨비라도 내렸으면 좋겠습니다. 눈도 비도 아닌 진눈깨비가 내려 녀석과 내가 서 있는 강변을 천천히 적셔 주었으면 좋겠습니다. 어쩌면 친구가 아주 먼 곳에서 이 광경을 보며 웃고 있을지도 모르는 일입니다.

일종의 후일담 ─ '우정의 끝'에 대해

모든 우정에는 끝이 있습니다. 이 또한 불변의 법칙입니다.

「어바웃 어 보이」의 윌과 마커스의 관계 또한 이 냉정한 법칙에서 벗어나지 않습니다. 크리스마스이브, 윌의 집에서 떠들썩한 파티가 열립니다. 늘 둘뿐이던 윌의 집이 오래간만에 사람들 목소리로 시끌벅적하지요. 윌의 여자 친구도 있고, 마커스의 여자 친구도 있고, 마커스의 엄마도 있고, 심지어는 윌의 여자 친구의 아들도 있습니다. 마커스는 그 낯선 풍경에 완벽하게 적응합니다. 윌은 좀 다릅니다. 능수능란한 마커스를 보는 윌의 눈빛에는 어딘가 모를 아쉬움이 담겨 있지요. 마커스의 독백을 들으면 윌이 왜 아쉬워하는지 알 수 있습니다.

'난 둘만으로는 부족하다고 생각했다. 내겐 여분의 사람이 필요하다.'

그러니까 마커스는 더 이상 윌이 사는 섬의 주민이 아닌 것입니다. 그 사실을 눈치챘기에 외로운 섬의 주인인 윌은 마음이 조금 불편했던 것이지요.

「굿 윌 헌팅」의 윌과 처키는 또 어떠한가요? 여느 날처럼 처키의 차가 윌의 집 앞에 섭니다. 처키는 무심한 표정으로 문을 두드립니다. 그러나 윌은 나오지 않습니다. 처키는 창문으로 집 안을 들여다보고서야 윌이 떠났다는 사실을 알아차립니다. 윌은 안녕이란 말 한마디 남기지 않고 친구에게서 떠나간 것입니다. 처키의 표정이 잠시 복잡해집니다. 그러나 이내 무심한 표정으로 되돌아온 처키는 어깨를 으쓱하며 홀로 차로 되돌아갑니다. '처키 인생 최고의 날'은 그렇듯 갑작스레 찾아왔습니다.

「파인딩 포레스터」의 자말과 포레스터를 볼까요? 자말을 구제한 포레스터는 고향으로 돌아갑니다. 자말 덕분에 은둔에서 벗어난 포레스터는 자말과 함께하는 삶 대신 고향을 택합니다. 새로운 우정이 역으로 이별을 만들어 낸 것입니다.

『어우야담』으로 널리 알려진 유몽인 또한 이별해야 하는 상황에 처했던 모양입니다. 초연한 척했지만 실제로는 쓸쓸해 보이는 글을 남겼으니 말입니다.

나는 혼자다.

지금의 선비 중에 나처럼 혼자인 사람이 있는가?

나 혼자서 세상길을 간다.

유몽인의 글을 읽으며 다시 한 번 박제가를 생각합니다. "나는 깨달았다. 친구들과의 우정에도 피할 수 없는 성쇠가 있다는 것을, 지난날은 지난날이고 지금은 지금이라는 것을."이라는 박제가의 문장을 어쩔 수 없이 다시 떠올립니다.

나의 사정 또한 다르지 않지요. 조카 녀석은 12월이 되자 홀로 독일로 떠났습니다. 형과 형수는 일 년 동안은 대학교 부설 어학원 기숙사에 머물며 공부하라는 조건 하나만을 걸고 녀석을 떠나보 냈습니다. 독일에 연고가 있는 것도 아닌데(형수의 먼 조카뻘 되 는 분이 살고 있다고는 하나 형수 또한 한 번도 만나 본 적 없다고 합니다.) 무슨 배짱인지 그 허술한 조건만을 걸더군요. 그곳에서 녀석이 무얼 하려는지는 모르겠습니다. 친구가 이민 간 뉴질랜드 도 아닌 독일을 택한 녀석의 속내 또한 도무지 모르겠습니다. 녀석 은 얼마 전에 내게 편지 한 통을 보내왔는데 쓸모없는 말만 잔뜩 이었던 그 편지의 말미에 이런 문구가 적혀 있었습니다.

친구들이 많은 자에게는 친구가 없다.—아리스토텔레스

도무지 속을 알 수 없는 녀석입니다.

*

모든 우정에는 끝이 있습니다. 그것은 불변의 법칙입니다.

하지만 나는 이렇게도 말하렵니다. 우정이 끝나는 순간에 비로소 새로운 삶이 시작된다고 말입니다.

「어바웃 어 보이」의 마커스는 윌을 통해 자신의 아픔을 치유했습니다. 「굿 윌 헌팅」의 윌은 처키를 통해 자신이 가야 할 길을 알게 되었습니다. 「파인딩 포레스터」의 포레스터는 자말을 통해 세상에 다시 발을 내딛게 되었습니다. 마커스와 윌과 포레스터는 새로운 곳에서 새로운 삶을 살아갈 것입니다. 그렇다고 그들이 이전의 우정을 잊은 것은 아닙니다. 포레스터는 고향에 돌아간 후 자말에게 다음과 같은 편지를 보냈습니다.

나 자신의 꿈을 다시 이루리라곤 상상도 하지 못했다.

그렇기에 모든 우정은 결국 홀로 가는 것입니다. 모든 우정에는 끝이 있으니까요. 하지만 그 끝은 모든 것의 종말이 아닙니다. 그 끝에서 새로운 삶이 탄생하기 때문입니다. 그러므로 앞서 본 유몽인의 가슴 아픈 글은 거짓 하나 없는 진실한 말입니다.

내 친구는 오래전에 스스로 목숨을 끊었습니다. 나와 친구의 우정은 그것으로 끝났습니다. 하지만 그것은 끝이 아니었습니다. 친구는 내 인생 내내 나와 함께하며 내가 가야 할 길을 알려 주었습니다. 오늘날 내가 얼치기 작가라도 된 것은 어쩌면 친구 덕분인지도 모릅니다. 여태껏 나는 그 사실을 몰랐습니다. 이제 나는 친구 덕분에 지금의 내가 있다고 믿습니다.

이른 아침, 강변으로 나가 길을 걷고 싶습니다. 강변에는 아무도 없을 것입니다. 농구장은 텅 비어 있을 테고 쓸쓸한 진눈깨비만이 나를 맞이하겠지요. 그래도 그 강변을 홀로 걷고 싶습니다. 이덕무를 생각하는 이서구의 시를 외우며 그 길을 홀로 걷고 싶습니다. 걷다가 지치면 K에게 전화나 걸어 볼까요. 세련된 안부 인사는 하지 말고 그저 그 깍쟁이 같고 간섭쟁이 같은 인간에게 얼굴이나 한번 보자고 해야겠습니다. 만나서 하나 마나 한 이야기를 주고받아야겠습니다. 그리고 헤어질 무렵 『퇴계집』을 건네며 고맙다는 말이나 슬며시 꺼내 놓으렵니다.

참고 문헌

『거문고 줄 꽂아놓고』, 이승수 지음, 돌베개 2006.

『고운집』, 최치원 지음, 이상현 옮김, 한국고전번역원 2009.

『고전문학사의 라이벌』, 정출헌 외 지음, 한겨레출판 2006.

『국역 근역서화징』 하, 오세창 편저, 동양고전학회 옮김, 시공사 1998.

『국역 동패락송』, 노명흠 지음, 김동욱 옮김, 아세아문화사 1996, 보고사
　　　2013.

『국역 연암집』 1·2, 박지원 지음, 신호열·김명호 옮김, 민족문화추진회
　　　2004.

『국역 청장관전서』 11, 이덕무 지음, 민족문화추진회 엮음, 민족문화추진
　　　회 1979, 솔 1997.

『궁핍한 날의 벗』, 박제가 지음, 안대회 옮김, 태학사 2000.

『나 홀로 가는 길』, 유몽인 지음, 신익철 옮김, 태학사 2002.

『나 홀로 즐기는 삶』, 강혜선 지음, 태학사 2010.

『나를 돌려다오』, 이용휴·이가환 지음, 안대회 옮김, 태학사 2003.

『나의 아버지 박지원』, 박종채 지음, 박희병 옮김, 돌베개 1998.

『내면기행』, 심경호 지음, 이가서 2009.

『누추한 내 방』, 허균 지음, 김풍기 옮김, 태학사 2003.

『다산의 마음』, 정약용 지음, 박혜숙 편역, 돌베개 2008.

『대장부의 삶』, 임유경 지음, 역사의 아침 2007.

『말이 없으면 닭을 타고 가지』, 이강옥 편역, 학고재 1999.

『문학이 태어나는 자리』, 이승수 지음, 산처럼 2009.

『뽑히지 않는 바위처럼』, 김매순 지음, 김철범 옮김, 태학사 2010.

『사가시선』, 이덕무 외 지음, 김상훈·상민 옮김, 여강 2000.

『사람의 아들』, 이문열 지음, 민음사 1979, 2004(개정판).

『산해관 잠긴 문을 한 손으로 밀치다』, 홍대용 지음, 김태준·박성순 옮김, 돌베개 2001.

『삼국유사』 1·2, 일연 지음, 이재호 옮김, 솔 1997.

『선비답게 산다는 것』, 안대회 지음, 푸른역사 2007.

『세한도』, 박철상 지음, 문학동네 2010.

『옥 같은 너를 어이 묻으랴』, 이승수 편역, 태학사 2001.

『육체쇼와 전집』, 황병승 지음, 문학과지성사 2013.

『이향견문록』, 유재건 지음, 실시학사 고전문학연구회 옮김, 글항아리 2008.

『입 속의 검은 잎』, 기형도 지음, 문학과지성사 1989.

『자성록/언행록/성학십도』, 이황 지음, 고산 역해, 동서문화사 2008.

『작은 것의 아름다움』, 남공철 지음, 안순태 옮김, 태학사 2006.

『정유각집』 상·중·하, 박제가 지음, 정민 외 옮김, 돌베개 2010.

『조선의 문화공간』 3, 이종묵 지음, 휴머니스트 2006.

『조선조 문인졸기』, 신현규 편저, 보고사 1998.

『책의 이면』, 설흔 지음, 역사의아침 2012.

『청성잡기』, 성대중 지음, 한국고전번역원 기획·번역, 올재 2012.

『폭포는 돼지가 다 먹었지요』, 유몽인 외 지음, 김찬순 옮김, 보리 2006.

『호밀밭의 파수꾼』, 제롬 데이비드 샐린저 지음, 공경희 옮김, 민음사 2001.

'조동진 베스트 컬렉션', 조동진, 신나라뮤직 2000.

창비청소년문고 11

우정 지속의 법칙

초판 1쇄 발행 2014년 1월 10일
초판 11쇄 발행 2021년 5월 27일

지은이 설흔 | 펴낸이 강일우 | 책임편집 김효근 | 펴낸곳 (주)창비
등록 1986년 8월 5일 제85호 | 주소 10881 경기도 파주시 회동길 184
전화 031-955-3333 | 팩스 031-955-3399(영업) 031-955-3400(편집)
홈페이지 www.changbi.com | 전자우편 ya@changbi.com

ⓒ 설흔 2014
ISBN 978-89-364-5211-7 43190